Ninguém transita pelos patamares do crescimento íntimo sem o concurso do sofrimento, que proporciona, quando bem recebido, o direcionamento das aspirações para Deus e para o Bem, para a harmonia íntima, para a atitude de respeito e de amor pela Vida.

Joanna de Ângelis

DIVALDO FRANCO

NO RUMO DA *felicidade*

PELO ESPÍRITO
JOANNA DE ÂNGELIS

FEB ebm

Se aspiras conhecer o teu futuro, examina o teu presente, programando os teus pensamentos, palavras e atos que formarão o tecido do que está por vir.

Joanna de Ângelis

Se aspiras saber do teu passado, aprofunda reflexões nos teus dias atuais e concluirás como ele ocorreu, em razão daquilo que és agora.

Joanna de Ângelis

LIBERDADE E CONSCIÊNCIA LTDA – EBM
Rua Doutor Albuquerque Lins, 152 – Centro
CEP 09010-010 – Santo André (SP) – Brasil

1ª edição – 1ª impressão – 4 mil exemplares – 8/2025

ISBN 978-65-5570-730-4

FEDERAÇÃO ESPÍRITA BRASILEIRA – FEB
SGAN 603 – Conjunto F – Avenida L2 Norte
70830-106 – Brasília (DF) – Brasil
www.febeditora.com.br
editorial@febnet.org.br
+55 61 2101 6161

Pedidos de livros à FEB
Comercial
Tel.: (61) 2101 6161 – comercial@febnet.org.br

Adquirindo esta obra, você está colaborando com as ações de assistência e promoção social da FEB e com o Movimento Espírita na divulgação do Evangelho de Jesus à luz do Espiritismo.

Dados Internacionais de Catalogação na Publicação (CIP)
(Federação Espírita Brasileira – Biblioteca de Obras Raras)

A582r Ângelis, Joanna de (Espírito)

No rumo da felicidade / pelo Espírito Joanna de Ângelis; [psicografado por] Divaldo Pereira Franco. – 1. ed. – 1. imp. – Brasília: FEB; Santo André: EBM, 2025.
144 p.; il; 23 cm
Inclui índice analítico
ISBN 978-65-5570-730-4
1. Felicidade. 2. Reforma íntima. 3. Caridade 4. Emoções. 5. Livre-arbítrio. 6. Jesus. 7. Imortalidade. 8. Desencarnação. 9. Esperança. 10. Suicídio e prevenção. 11. Sentido da vida. 12. Consolação. 13. Espiritualidade. 14. Saúde emocional. 15. Educação moral. 16. Obsessão e perturbações espirituais. 17. Valores evangélicos. I. Federação Espírita Brasileira. II. Título.

CDD 133.93
CDU 133.7
CDE 80.03.00

Sumário

No rumo da felicidade.........07

01 - Avareza.........11

02 - Religiosidade.........14

03 - Diante de contendas.........18

04 - Em relação à dúvida.........21

05 - Decisão agora.........24

06 - Exaltação.........27

07 - Emoções.........30

08 - Sentença de morte.........33

09 - Ministério sublime.........36

10 - Livre-arbítrio e caridade.........39

11 - Suicídio e loucura.........42

12 - A imortalidade.........45

13 - Momentos com Jesus.........48

14 - Progresso.........52

15 - Coerência legítima.........55

contenda: debate, discussão

16 - Afabilidade.........59

17 - Perseguições.........62

18 - Cilícios morais.........66

19 - Quase a sós.........70

20 - Flagelo das obsessões.........74

21 - Desconhecimento do futuro.........78

22 - Definindo rumos.........82

23 - Amor, justiça e caridade.........86

24 - Temperança antes da ação.........89

25 - Recurso iluminativo.........93

26 - Sequelas.........97

27 - Deserções e queixas.........101

28 - Mensagem de alento.........105

29 - Cruz de libertação.........108

30 - Sem ansiedade.........112

31 - Antídoto eficiente.........116

32 - Ulcerações morais.........120

33 - Finados.........124

34 - A suave magia do Natal.........128

afabilidade: carinho, doçura

cilício: sofrimento, tormento

temperança: moderado, comedido

NO RUMO DA FELICIDADE

HÁ UMA ÂNSIA INCONTIDA NO SER HUMANO pela aquisição da felicidade, cuja busca é inerente ao Espírito, lhe constituindo motivação para lutar, para enfrentar desafios e superá-los, em infatigável labor que o dignifica e o alça a patamares superiores da vida. No entanto, a interpretação de felicidade tem sido muito discutida, desde os filósofos antigos aos contemporâneos, assim também através das propostas religiosas, sociológicas e econômicas.

Infelizmente, permanece a ideia de que a felicidade é uma conquista da posse, que favorece o prazer e o gozo inexauríveis, que se alteram conforme as necessidades e mudam de apresentação quando saturam ou deixam vazio existencial... É a permanente herança do hedonismo trabalhando as mentes e alimentando os corações.

Por outro lado, não faltam aqueles que advogam o sofrimento como forma de felicidade, em tormento masoquista, herança inevitável dos comportamentos medievais que pretendiam, dessa forma, odiar a Terra e seus valores, para conseguir o Reino dos céus e suas dádivas...

inerente: característica essencial de alguém

inexaurível: inesgotável

hedonismo: doutrina moral cuja busca pelo prazer é o único propósito da vida.

masoquista: pessoa que busca o sofrimento, a humilhação, ou que nele se compraz

Esquecem-se, esses que assim pensam e se comportam que esse reino se encontra no imo de cada criatura, que se esforça pelo conseguir.

imo: muito intimo, muito profundo

Outros mais, ainda, sustentam a tese de que nada possuindo estão livres de perdas e prejuízos, deixando de fruir as dádivas da vida, que são oferecidas para o seu crescimento espiritual e do planeta em que habitam.

fruir: desfrutar, gozar, utilizar (vantagens benefícios)

Sem nos alongarmos em considerações filosóficas em torno da felicidade, consideramos que se vive na atualidade o período em que a cultura do corpo – que proporciona o narcisismo, o exibicionismo, levando à usança do sexo como exclusivo objeto de sensação e de promoção econômica e social – é a predominante maneira de consegui-la.

narcisismo: admiração exagerada da própria imagem

Olvidam-se, os aficionados da forma física, da severidade que a vida impõe a essa organização transitória, tais quais os fenômenos degenerativos que a sitiam, os impositivos da idade cronológica, que se deseja esconder, e o inevitável encontro com a morte.

olvidar: perder a memória; esquecer

Vivendo apenas o hoje e pensando que o futuro estará referto de novos mecanismos de gozo, que não cessa, toda uma maquinaria de propaganda bem direcionada estimula os indivíduos à ilusão, que lentamente os deixa amargurados, vazios e vencidos, procurando soluções inexistentes, porque tarde demasiado para consegui-las.

referto: pleno

Como consequência, alguns poucos se atiram às fugas espetaculares pelo exibicionismo e pela alucinação, enquanto outros, que dispõem de menos possibilidades econômicas, desvairam na violência urbana, deperecendo na miséria moral e social, esquecidos pela quase totalidade das organizações sociais...

desvairar: ficar fora de si, alucinar, enlouquecer

deperecer: sucumbir, morrer pouco a pouco

A felicidade certamente **não é deste mundo**, conforme asseverou Jesus com sabedoria, em se considerando ser o mesmo muito transitório e os seus valores relativos, sujeitos a alterações constantes e mutiladoras. Não obstante, ela tem início na Terra, se for levado em conta, que é no íntimo de cada ser que se colocam as bases do edifício no qual se pode viver feliz.

Sem o conhecimento da vida espiritual e dos mecanismos que a compõem, a felicidade não passa de uma aspiração emocional descontrolada que a realidade consome, deixando cinza e desencanto.

O ser humano é viajante da eternidade, momentaneamente, utilizando-se de equipamentos físicos no corpo em que deambula, rumando para a meta essencial, onde a felicidade o aguarda.

deambular: viajar

Na viagem encetada, todavia, poderá experimentar a alegria do dever bem cumprido, os júbilos pela convivência fraterna, as dádivas do amor, o bem-estar e a saúde, a aquisição ou não de recursos amoedados que lhe facultam prosperidade ou de que não sente falta...

encetar: empreender

dissolver: desagregar(-se); dispersar(-se); desfazer

jaça: sem mácula, sem mancha

contingente: daquilo que é efêmero, transitório, passageiro

São essas salutares conquistas que compõem o quadro da felicidade relativa a que se aspira, crescendo-se interiormente, em conquistas que eliminem os vícios, as paixões dissolventes, as ansiedades afligentes, os sentimentos mórbidos. Vencendo-os, a pouco e pouco, aproxima-se da meta a conquistar, que é a felicidade sem jaça, o que somente ocorrerá após a desencarnação, quando já não se encontre sujeito às oscilações dos contingentes materiais.

*

Reunimos, neste pequeno livro, alguns temas que podem auxiliar a pessoa, realmente interessada na conquista da felicidade, a desvencilhar-se dos fatores de sombra e perturbação, de angústias e medos que assaltam os viajores da experiência carnal, no empreendimento enobrecido a que se entregam.

anelar: desejar, aspirar

Não trazem qualquer novidade, nem se trata de um programa de resultados extraordinários, mas sugestões da própria experiência ao longo de muitas reencarnações, quando também, anelando pela plenitude, não poucas vezes, nos deparamos com o insucesso, o desencanto, a aflição...

Desejando contribuir em favor daqueles que nos honrarem as páginas com a leitura e a consequente meditação do seu conteúdo, formulamos votos de êxito nessa busca da felicidade que deve ser incessante e enriquecedora.

Salvador, 19 de julho de 2000.

Joanna de Ângelis

01
Avareza

A AVAREZA É O FRUTO ESPÚRIO DO EGOÍSMO que conduz à alucinação, à desdita.

O avaro é alma em tormento que dilapida os dons da vida, tornando-se fardo pesado e pernicioso na economia da sociedade.

avareza: que tem apego excessivo aos bens transitórios, ganância, mesquinharia, sovinice

espúrio: falso, ilegítimo

desdita: má sorte, infortúnio, desgraça

viger: vigorar

*

A loucura de armazenar conduz à demência, desequilibrando a balança de valores do mundo e desarticulando a harmonia que deve viger nos quadros emocionais da comunidade humana.

Enquanto o egoísmo trabalha para a própria manutenção, esquecendo-se da solidariedade, que é filha da lei de amor, o homem se amesquinha diante de si mesmo e do seu próximo.

Inseguro e instável, o homem estabelece parâmetros de confiança nos valores que passa de mãos, deixando de investir nos tesouros eternos que permanecem após a consumação física.

Como consequência, o avaro é triste e desafortunado.

O que possui, domina-o, e o que tem, escraviza-o.

*

Graças à avareza de alguns homens a escassez domina o lar de milhões de vidas que fenecem à míngua de pão e de esperança.

fenecer: findar, perecer

*

Resguarda-te da avareza, aprendendo a repartir.

Quem divide o que tem, multiplica os tesouros da vida.

Exercita a generosidade, abrindo as mãos na ciência de dar e terminarás descerrando o coração para a ditosa arte de amar.

descerrar: abrir(-se); descobrir(-se); revelar(-se)

*

Se não podes dar um grande valor, brinda uma parcela de alegria.

Se não dispões de moedas para oferecer, apresenta um gesto amigo de simpatia.

*

A catedral se ergue pedra a pedra e o oceano resulta de moléculas que se misturam em favor da massa imensa.

Começa com os pequenos gestos de gentileza e acostumar-te-ás até poderes oferecer a própria vida quando necessário.

A pretexto algum, jamais te escuse à solidariedade, portanto, a avareza começa nas pequenas negativas para repartir e termina na loucura onzenária da posse infeliz.

escusar: dispensar-se de fazer algo por desnecessário; recusar-se; negar-se

onzenário: excessivo

*

Jesus, o Supremo Benfeitor, repartiu do Seu coração magnânimo a palavra, o pão, o peixe, o vinho e o amor até o momento em que se deu, Ele mesmo, em holocausto, para nos ensinar que, realmente, só possuímos aquilo que damos.

Avareza, nunca!

02
Religiosidade

Cultiva e desenvolve a religiosidade
que vige em ti.

Ela fomenta alegria e dá vida.

Expande-a através da meditação, da
leitura edificante, das reflexões cristãs.

Torna-a atuante na tua existência.

Faze que floresça e dê frutos.

*

Diariamente, mergulha o pensamento em uma frase evangélica, dela fazendo a tua ponte com a Divindade.

viger: vigorar

Isso te auxiliará a enfrentar com tranquilidade os problemas e a solucioná-los; a suportar as dores e superá-las; a compreender a necessidade das lutas e vencê-las; a manter o bom ânimo e não tombar em erros.

autoburilamento: autoaperfeiçoamento

Sabe que o sofrimento é transitório, com a função específica de auxiliar-te no autoburilamento.

Aplicando-lhe o sentimento religioso, que te ensina resignação dinâmica e te acena esperança do próximo triunfo, mais facilmente adquirirás saúde integral sem os altibaixos entre a aflição e a serenidade, em um estado de harmonia interior inalterável.

altibaixos: altos e baixos, mistura de bons e ruins predicados, de virtudes e vícios

*

Usa o sentimento religioso no exercício da oração, na ação morigerada, na caridade.

morigerado: moderado

Vê-lo-ás crescer e impulsionar-te para o bem constante, tornando-se de vital importância em todos os teus momentos.

Terapêutica eficaz, ele desenvolve outros sentimentos da individualidade humana, ampliando-te os horizontes do conhecimento e da experiência transcendental.

Colocando-te em sintonia com as fontes geradoras da Vida, ele te irisará a existência com luz e cor, favorecendo-te com forças e entusiasmo em todas as circunstâncias e direções.

irisar: adornar vivificar

*

O sentimento religioso brota no coração e desenvolve-se na mente, ora como necessidade de união com Deus, vezes outras como forma de louvor e de gratidão a Ele.

Não tem a finalidade de negociar benefícios, mediante pedidos incessantes e promessas ilógicas.

Sem dúvida, ele assim também se expressa em alguns níveis de consciência, revelando-se em forma primária, ingênua, mas que crescerá na direção das finalidades elevadas.

*

É inata a tendência humana para a adoração.

Quando não o faz Deus, aplicando o sentimento religioso, deriva-a para objetos, pessoas e aspirações.

Na ambição da fortuna, torna o homem avaro; na busca do prazer incessante, atira-o à promiscuidade, à luxúria; na sede da fama ou do poder, apaixona-o e o torna ególatra; na conquista do mundo, ensandece-o e vitima-o.

luxúria: desejo sexual excessivo

ególatra: pessoa que cultua o próprio eu

ensandecer: privar-se do uso da razão; enlouquecer; endoidecer

Canalizando-a, porém, para o sentimento religioso liberta-o, ampliando as suas metas e aspirações que se transformam no essencial a conquistar, proporcionando-lhe os meios saudáveis para consegui-lo.

*

Todos os grandes vultos da Humanidade lograram realizar os seus sonhos de contribuir para o progresso geral, graças à religiosidade que aplicaram aos seus planos e ao sentimento de fidelidade que mantiveram em relação aos mesmos, jamais se afastando dos rumos que seguiam.

Deste modo, torna tua vida um hino ao amor e deixa que esse sentimento trabalhe as tuas aspirações, removendo as mazelas e impulsionando-te à bem-aventurança.

Chegará o instante, no qual exclamarás como o apóstolo Paulo:

Já não sou eu quem vive, mas o Cristo que vive em mim.

03 Diante de contendas

Arrastam-se as contendas, penosa e demoradamente pelos tribunais de justiça terrestre, caracterizando a belicosidade ainda predominante na natureza humana.

Graças a elas, multiplicam-se as indústrias do suborno, do falso testemunho, da fragilidade moral de muitos julgadores que dão ganho de causa a quem melhor lhes apetece, a prejuízo de pessoas e Entidades outras respeitáveis, que não conseguiram conquistar, por este ou aquele meio, o voto de êxito.

Passadas as decisões, permanecem as dilacerações das almas, vitimadas por ódios selvagens, ressentimentos danosos, perturbações emocionais de profunda repercussão na economia das vidas.

Comandadas pelo egoísmo, ditas contendas alastram-se pelas áreas das heranças de terras e bens outros pelas redes da afetividade inquieta, no matrimônio e na família; pelas tricas políticas e sociais; pelos fanatismos religiosos e desportivos; por nonadas, que o desbordar das más paixões vitaliza, conferindo-lhes alta importância.

apetecer: despertar interesse ou agradar

contenda: debate, discussão

trica: intriga, trapaça

nonada: ninharia, bobagem

desbordar: extravasar

Os tribunais da humana justiça encontram-se abarrotados de processos que se referem a contendas intermináveis e que o amor, o altruísmo, a caridade, a compreensão fraternal poderiam solucionar com facilidade.

O homem contende por instinto não educado, pelo espírito de competição, temendo ser esbulhado, mesmo quando dilapidando o próximo.

esbulhar: privar de posse; desapossar; espoliar; roubar

As contendas, em expressão mais ampla, são responsáveis pelas guerras entre povos e Nações, que se estiolam.

estiolar: enfraquecer-se, debilitar-se

*

As piores contendas, no entanto, ocorrem no lar, transformado em ringue de disputas infelizes.

Transferem-se para a oficina de trabalho, tornando irrespirável o clima do lugar em que os debates doentios se estabelecem.

Prosseguem nas atividades sociais, atirando as pessoas, umas contra as outras e fomentando a maledicência, a calúnia, o ultraje moral e, às vezes, a agressão física.

Contende-se por coisa nenhuma, por valores de alta monta, pela busca do poder e da fama.

A contenda é a labareda que propaga incêndios vorazes de difícil extinção.

*

Evita contender, mesmo que tenhas razão.

Não que devas permitir que os discutidores, os astutos e ambiciosos tomem conta do mundo e administrem tudo.

Não lhes sintonizes, porém, nas mesmas faixas de ondas morais.

Melhor que te sintas prejudicado, evitando contender, do que triunfar em condições desgastantes, perturbadoras.

Ganhador é todo aquele que permanece em paz diante de qualquer resultado.

*

Entre os contendores, que habitualmente tentavam o Mestre, Ele se mantinha sereno e não lhes oferecia a importância que eles se atribuíam.

Vez que outra, os enfrentou com as verdades profundas, porém, não se deteve com eles, prosseguindo na tarefa para a qual viera.

Todos eles passaram e enfrentaram a realidade do além-túmulo, enquanto Ele permanece até hoje como símbolo da paz e herói da harmonia.

04
Em relação à dúvida

A dúvida filosófica, saudável em algumas circunstâncias, quando se torna imperiosa, constante, transforma-se em aflição que perturba a busca dos objetivos superiores da vida.

Assim como a fé cega, irracional e perniciosa, responde pelo fanatismo gerador de males incontáveis, a dúvida sistemática inspira conflitos e conduz a estados de grave perturbação.

Há quem duvide estribado em reflexões de lógica e sustentado por fundamentos que conflitam com as ideias novas e os fatos que se apresentam.

estribar: apoiar (algo) sobre, assentar(-se); basear-se fundamentar-se

Outros, no entanto, por acomodação mental ou por desconsideração cultural duvidam por hábito, impedindo-se a libertação de muitos sofrimentos e a saúde emocional do equilíbrio.

A dúvida, que apresenta raciocínios esclarecedores, quando destituída de fundamento, denota insegurança pessoal, instabilidade, rebeldia.

probante: comprovador

Toda análise de fatos ou conhecimentos gerais sugere observação cuidadosa e dúvida natural, até que os fatores probantes eliminem as incertezas e elucidem as áreas desconhecidas.

pontificar: falar ou escrever em tom categórico

autoburilamento: autoaperfeiçoamento

Pontificar na dúvida, firmado nas propostas da desconfiança, é trabalhar contra o autoburilamento e a autoiluminação.

Simão Pedro, não obstante os fatos notáveis que presenciou, demonstrando ser Jesus o Messias e o Amigo por Excelência, em um momento de dúvida, de insegurança, negou-o por três vezes consecutivas.

aluvião: abundância

Judas, que O amava, açoitado pelos ventos da incerteza e da dúvida cruel, embora o aluvião de fatos, O traiu.

comensal: convidado

Os amigos e comensais da Sua ternura, que foram testemunhas dos mais extraordinários eventos da Humanidade, corroídos pela dúvida momentânea que os tomou, O abandonaram.

Os íntimos, que foram convidados à noite de vigília, no horto, irresponsáveis e duvidosos, deixaram-se entorpecer pelo sono, quando deveriam estar atentos e solidários com Ele.

A dúvida perturbadora é remanescente do primitivismo ainda predominante na natureza humana.

À medida que o homem progride, melhor discerne, mais tem certeza, trabalhando pelo bem comum, vitalizando pela confiança que se lhe torna fator de estímulos para as ações dignificadoras.

*

Observa os acontecimentos e analisa-os com cuidado antes de assumires postura ou tomares uma decisão.

Supera os conflitos da dúvida e age com segurança.

Se alguém te engana, o problema é dele.

Se outrem não corresponde à imagem que te apresenta, a questão pertence a ele.

Se este mente, ele sabe; se aquele trai, ele se encontra em desequilíbrio; se esse manipula vidas de forma desonesta, pior para ele.

Sê tu aquele que trabalha pelo bem geral, confiante na vitória do amor e tranquilo na execução do compromisso que abraças.

05
Decisão agora

Jesus afirma ao discípulo:

Eu sou o Caminho. Vem após mim e lograrás a paz.

lograr: alcançar; conseguir; desfrutar; usufruir o que se conquistou

*

Eu sou a Verdade. Penetra-te com as minhas lições e te salvarás.

*

Eu sou a Vida. Irriga-te com as minhas energias e nunca sucumbirás.

*

Eu sou o Pão da Vida. Nutre-te com as minhas forças e viverás.

*

Eu sou a Porta. Atravessa-a com o teu esforço pessoal e lograrás o triunfo sobre ti mesmo.

*

Eu sou o Pastor. Deixa-me conduzir-te e chegarás ao aprisco de paz.

aprisco: local destinado ao abrigo de ovelhas; guarita; refúgio

*

Eu sou a Luz do mundo. Faculta-te banhar pela claridade do amor e jamais tropeçarás em treva.

*

Eu sou o Filho do Homem. Une-te ao meu programa e te conduzirei ao Pai.

*

Eu sou o Mestre. Aprende comigo e serás sábio.

*

Eu sou manso e humilde de coração. Adapta-te à renovação transformadora para o bem e nunca mais sofrerás.

*

Somente conseguirás a plenitude se te resolveres por fazer a tua parte.

*

Eu sou. Tu ainda te candidatas.

Eu posso. Tu apenas intentas.

Eu tenho. Tu inicias a conquista.

Eu venço. Tu enfrentas batalhas não terminadas.

intentar: ter o intento de: tencionar, projetar

Eu vivo desde antes. Tu iniciaste a marcha depois.

Eu te convoco, todavia, se não te resolves por me seguir, apiedo-me de ti, porquanto, em verdade, ainda não me amas nem me queres.

Buscar-te-ei depois.

Não te queixes por enquanto e medita na oportunidade que te concedo.

06
Exaltação

Com que alegria a doutrina apresenta-nos os roteiros da verdade!

Egressos da sombra, marchamos sob a bênção da luminosidade, fascinados pelo fulgor que se derrama, apresentando os horizontes amplos da vida.

egresso: afastado, recém-saído

Jesus Cristo, após a ressurreição triunfante, surge entre nós, ensinando-nos a reunir os joelhos desconjuntados e os músculos flácidos e doridos, para prosseguirmos na marcha de nossa redenção.

Dificuldades de ontem, problemas de hoje e empeços de amanhã não nos podem obstaculizar a marcha, cujo fanal é a paz.

empeço: empecilho

fanal: guia, sinal luminoso

*

Rogaste a bênção da oportunidade libertadora, suplicaste um calvário de rosas para cresceres e pediste o madeiro que te erguesse acima das paixões e os céus te ouviram.

Pagando os débitos clamorosos do pretérito, estás guindado ao dever da fraternidade em nome do amor sempre vitorioso, edificando o bem.

Não estranhes incompreensão, nem problema, injúria ou deserção. A estrada do cristão é palmilhada pela dificuldade, para que a glória imortal lhe coroe a cabeça com a paz.

O desafio do cristão é a incidência da dificuldade para que o equilíbrio lhe conceda tranquilidade.

*

Abre uma clareira nova no matagal das tuas paixões e acolhe o andarilho do Evangelho restaurado por Jesus.

Entrega-lhe tuas mãos para que se convertam em estrelas na noite escura, apontando rumos.

concupiscência: ambição, desejo desenfreado

degredo: desterro, exílio

Dá o coração, para que nele não se alojem as feras da concupiscência, nem do egoísmo, tornando-se furna sombria de degredos e misérias.

Ouviste o chamado, mantiveste-te em pé e aceitaste o desafio da obra, agora não temas!

Cristo é poder!

Jesus é amor! Entrega-te em clima de totalidade, porque Ele é o construtor dos nossos destinos.

Se, por acaso, espinhos ou sombras turvarem-te os caminhos, exulta, porque somente os eleitos são convidados aos testemunhos, apenas os fortes são testados nos valores, e unicamente quem produz, periodicamente, passa pela avaliação que precede às promoções.

exultar: alegrar, regozijar

*

Teu coração recebe a presença da Divina Luz, porque é santuário de amor.

Insculpe nele o Cristo Vivo, para que se converta em oficina de trabalho. Recebe os emissários dEle, para que os Seus braços em ti chamem-se caridade.

O amor e o trabalho se unam em ti. Cristo reine, ampliando os horizontes do mundo que a fé restaurada veio implantar na Terra.

Não receies nunca!

Que tua fé brilhe como estandarte significativo, para que, no lugar da cruz implantada, haja uma triunfante madrugada de amor, cantando ao vento, em Seu nome.

07
Emoções

Conta-se que, no século vi a.C., quando governava a Lídia, Creso, o soberano poderoso e rico, tinha um filho que era surdo-mudo.

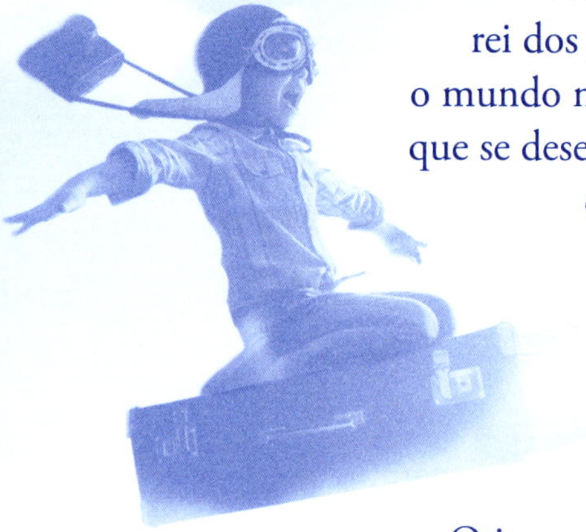

Por ocasião da guerra travada contra Ciro, rei dos persas, que praticamente dominava o mundo mediterrâneo, ao acompanhar a luta que se desenrolava nos seus jardins palacianos, estarrecido ante a derrota iminente, olhando pela janela da sala de trono, o rei não percebeu a entrada de um inimigo, que levantou a lança para golpeá-lo pelas costas.

O jovem, que se ocultara por trás de pesado reposteiro, viu a cena e, tomado de pavor, deu um grito, exclamando:

reposteiro: cortina que serve para substituir uma porta, que cobre as portas interiores dos palácios

"– Não o mate. Ele é o rei!".

O soldado, assustando-se, lançou o dardo e, ao errar a pontaria, cravou-o na janela, salvando dessa forma, o monarca.

*

A emoção desencadeia forças de expressão contraditória que jazem no homem.

As de natureza superior inspiram o belo, o bom, o nobre, conduzindo aos ideais de libertação e felicidade.

Aquelas que se apresentam asselvajadas produzem a insensibilidade e levam ao estupor, gerando violência que combure e alucina.

asselvajado: selvagem, abrutalhado

estupor: entorpecimento

comburar: queimar, abrasar

A emoção do jovem salvou a vida física do pai, em razão dos sentimentos do amor recíproco vivenciados em silêncio.

Outras, no entanto, fazem que o organismo descarregue substâncias tóxicas na corrente sanguínea, anestesiando a razão e liberando as energias desgovernadas que procedem dos instintos agressivos ainda não sublimados.

*

Afirma-te nas experiências de elevação espiritual mediante o controle dos impulsos primitivos.

Age em vez de reagir.

Silencia ante a acusação injusta em vez de debater.

Confia no tempo, não precipitando acontecimentos.

Exercita o pensamento na fixação das ideias positivas, desarticulando as construções pessimistas.

Atua com correção, mesmo quando as circunstâncias te facultem a ação negativa.

És o que pensas. Assim, as tuas atitudes refletem o teu estado interior.

Na fonte das emoções encontram-se as causas dos acontecimentos futuros para a tua ascensão ou queda, conforme liberas a adrenalina psíquica na corrente sanguínea do teu comportamento.

*

Jesus, por dominar as emoções, Espírito perfeito, recebeu a traição do amigo, a ingratidão das massas, o abandono e a crucificação sem qualquer reação de mágoa ou rebeldia, fiel à mensagem das bem-aventuranças, que exaltaram os vencidos e humildes que se dominaram e triunfaram sobre si mesmos.

08
Sentença de morte

Diante de pacientes portadores de enfermidades irreversíveis, afirma-se que estão sob sentença de morte, aguardando os dias para o encerramento da jornada terrestre.

De certo modo o conceito é verdadeiro, face ao fenômeno natural do desgaste orgânico, sofrendo ainda a crueza dos agentes destrutivos das suas parcas resistências.

Não obstante, a sentença de morte para os homens é firmada no momento de renascimento carnal, porquanto o início da vida fisiológica é, também, começo do processo desencarnatório que se dará na ocasião própria.

A fatalidade, vida e morte, faz parte do quadro da evolução espiritual, em que o ser eterno veste-se de células e delas se despe como natural fenômeno e que se submete por determinação das soberanas Leis.

Aparentemente, os doentes e desajustados organicamente se encontram mais próximos do momento fatal, o que, porém, não credencia ninguém como livre para romper os liames de sustentação dos órgãos materiais.

liame: tudo o que prende; une ou liga; ligação; vínculo

A questão da morte, por isso mesmo, é de alta relevância nos cometimentos humanos, em razão da sua presença normal nas expressões biológicas.

As ilusões corporais, que repletam a mente de fantasias, respondem pela forma distraída, mediante a qual as criaturas transitam no carro do tempo, até o momento em que são surpreendidas pelo deslindar dos vínculos materiais.

deslindar: separar; apartar; desembaraçar; desemaranhar

*

Considera a tua vida do ponto de vista espiritual, da Erraticidade para a Terra e não o inverso.

Adquirindo consciência do lugar de onde procedes, compreenderás que o estágio no corpo se interromperá oportunamente, levando-te de volta.

Treina o desprendimento dos bens materiais, o desapego das pessoas, dilatando o amor em forma de esperança para os reencontros futuros.

Projeta as aspirações e tarefas para além da fronteira do túmulo, acostumando-te com a ideia da imortalidade, da tua sobrevivência à disjunção molecular.

disjunção: desagregação, separação

Enquanto brilhe o sol da oportunidade terrena, desempenha as tuas tarefas, qual aluno atencioso na escola de aprimoramento, tendo em mente que o curso sofrerá interrupção e deverás retornar.

*

Tudo fala de vida e sobre a vida.

O poema da natureza e as células no teu organismo são expressões da realidade que desfrutas. Mesmo quando se alterem, tu permanecerás.

*

Enquanto os companheiros no corpo se afligem com a tua sentença de morte – eles, que também estão sentenciados –, alegram-se os teus afetos que já se libertaram e te aguardam.

É quase paradoxal: quando vieste ao corpo, eles, os livres, preocuparam-se, envolvendo-te em preces pelo êxito, embora os teus genitores sorrissem com esperanças. Agora, que te dispões à volta ao lar, os teus amores humanos, expectantes se entristecem, mas eles, os teus afetos, rejubilam-se e te aguardam em festas, especialmente se foste fiel ao teu programa e conduzes as láureas das vitórias conseguidas.

láurea: recompensa, prêmio

*

Sentenciados à morte estão todos os homens, no entanto, destinados à imortalidade esplendorosa que os espera.

Enriquece-te de amor e bondade enquanto luz a tua ensancha e, cada dia que enfrentes, recebe-o, agindo como se fosse o último na carne, assim preparando-te, para que o derradeiro se te transforme no amanhecer perene de outro sem fim.

ensancha: oportunidade

09
Ministério sublime

Entre os ministérios de santificação moral e espiritual que se expressam na Terra, a maternidade se destaca, tornando-se prioritária, por ser instrumento da vida física no seu processo de evolução.

Graças à sua incomparável significação, o futuro se modela através do esforço extraordinário das suas mãos e dos cuidados incessantes do seu sentimento e da sua inteligência.

Mesmo quando ultrajado ou esquecido o seu nobre significado, é por seu intermédio que a sociedade se faz constituída no mundo.

Combatida ou sujeitada ao desprezo, enfloresce as vidas, ornando-se de frutos sazonados, que são os membros da Humanidade de todos os tempos.

Toda vez, quando a cultura e a civilização enlouquecem, agredindo a moral e a ética, a fim de que se esboroem os ideais de engrandecimento humano, a maternidade é perseguida e o seu valor submetido ao desrespeito.

esboroar: derrubar, desmoronar

Concomitantemente, a mulher descaracteriza os seus sentimentos e atira-se nos resvaladouros da vulgaridade ou no cárcere sombrio das sujeições injustificáveis.

concomitante: simultaneamente, coexistente, em conjunto

Não obstante a cíclica e nefasta ocorrência, a maternidade é o instrumento através do qual a Divindade proporciona esperança e vitória sobre os fatores de degenerescência, facultando o renascimento de Espíritos nobres e missionários, que se dispõem a mudar o rumo das existências das criaturas, contribuindo em favor do futuro feliz.

resvaladouro: precipício, abismo

degenerescência: processo de degeneração

Também, através do seu seio generoso, retornam os calcetas, os vilipendiadores, os criminosos e infelizes, que recomeçam a trajetória reparadora nos eitos do sofrimento, que ela ampara com renúncia e abnegação.

calceta: infrator

vilipendiador: aquele que despreza, ultraja

eito: terreno, caminho

Mesmo nos dias atuais, quando o feminismo desvairado prejudica a mulher, procurando lhe alterar o roteiro de enobrecimento, a maternidade a soergue e a plenifica.

desvairado: alucinado

Ser mãe é mais do que se tornar instrumento biológico da reprodução humana.

É se superar a si mesma, em cada momento existencial, transformando-se em círio votivo para que nunca falte luz na jornada dos filhos queridos.

círio: vela grande

volitivo: que provém da volição, da vontade

É viver em função do amor, que se exterioriza dignificante, construindo alegria, felicidade e paz.

É poder renunciar a tudo com encantamento em favor da prole, de forma que a sua seja a realização do descendente que Deus lhe confiou.

É transformar calvário de sombras em ressurreição gloriosa, e superar dores ao estímulo do dever maior.

Ninguém, que não haja vivido a maternidade santificada, poderá valorizá-la no seu significado real.

Como compreender-se, não se havendo antes experimentado uma noite de ansiedade e angústia ao lado do leito do filhinho febril ou insone, perturbado ou infeliz, emparedado na cela dos desequilíbrios emocionais e mentais!? Como saber-se do travo da amargura sem ressentimento, ou das lágrimas ocultas ante a ingratidão filial, a agressão, a zombaria!?

travo: sabor amargo, amargor

Mas todas as ocorrências de dor, todos os desencantos, a maternidade converte em esperança e sorrisos, confiando no exemplo de Maria, a Mãe por Excelência da Humanidade.

*

Coração materno!

No torvelinho hodierno e face às aberrações que alucinam a quase todos e, em especial aos jovens, não desfaleças, nem temas!

hodierno: atual, moderno

Deus age através de ti, renovando as vidas e reconstruindo o mundo.

Persiste, abnegadamente, até o fim e aureola-te de harmonia, agradecendo a Deus pelo teu ministério sublime.

10
Livre-arbítrio e caridade

Nunca será demasiado entretecer-se considerações sobre a caridade.

A caridade é sempre luz que abençoa aqueles que jornadeiam na aflição. Mesmo quando não é vista, à semelhança dos raios solares, quando o Astro Rei está ausente, beneficia, penetrando as vidas e renovando-as.

Assim, a caridade, seja no seu aspecto material ou moral, reflete o amor de Deus que alcança as almas, socorrendo-as.

Quando a caridade material não se faz necessária, jamais será secundária aquela de natureza moral, porquanto, vital como o ar, penetra e sustenta a vida.

São caridades morais:

- ✓ O sorriso de afabilidade ao atormentado que perdeu a esperança.
- ✓ A palavra de estímulo quando todos os outros recursos ficaram baldos de resultados.

afabilidade: carinho, doçura

baldo: escasso

aziago: trágico, funesto

✓ O gesto de simpatia ante a circunstância aziaga e infeliz.

✓ A compreensão fraterna, face à ofensa e à maldade.

✓ A oração intercessória, em favor do adversário em sofrimento.

✓ O apoio emocional no momento áspero da desgraça.

✓ O perdão da ofensa e a dedicação ao tombado.

✓ A gentileza de um socorro espiritual...

Quem pode, por acaso, no transe da dor, dispensar qualquer uma destas concessões? Qual a pessoa que se sinta tão completa que dispense um amigo ou uma palavra de reconforto?

A caridade é luz que deve ser considerada como bênção de Deus nas estradas do mundo.

esparzir: respingar, espalhar, derramar, verter

Praticá-la ou não é opção de cada indivíduo. Aquele que a utiliza favorece o crescimento de luz que se esparze; quem se nega a realizá-la, faculta a ampliação da sombra que predomina.

O livre-arbítrio e a caridade constituem alavancas para o progresso do homem na direção de sua meta final, que é a felicidade.

Jesus, todo amor por excelência, em instante algum deixou de esparzi-la, iluminando as vidas que, desde então, jamais perderam a diretriz.

esparzir: respingar, espalhar, derramar, verter

Caridade, portanto, hoje e sempre.

11
Suicídio e loucura

enveredar: tomar um caminho; seguir por uma vereda

torpe: entorpecedor

Esta melancolia sistemática, atormentadora, vem-se aprofundando no teu comportamento, de tal forma que enveredas sem te dar conta, pelas vias torpes da depressão de grave tratamento.

Essa tristeza que agasalhas prejudicial e renitente coloca a máscara de dor na tua face, conduzindo-te, inadvertidamente, a um transtorno neurótico de lento curso com todos os seus efeitos danosos.

Aquela fixação, que te vai dominando as paisagens mentais, substitui, a pouco e pouco, a polivalência das ideias, alienando-te da sociedade onde te encontras...

A marca do sofrimento reflete-se no teu rosto, qual se fosse feita por garras devastadoras que procedem, no entanto, do teu mundo íntimo, conspirando contra o teu progresso.

A impressão do desgosto passou a compartir com as tuas alegrias, diminuindo-as e empurrando-te sempre para os abismos da psicose maníaco-depressiva.

O cultivo dos pensamentos deprimentes gera, na tua conduta, a destruição dos ideais superiores, amargurando as horas que poderias fruir como estímulo para o prosseguimento da tua jornada.

*

Reflexiona com cuidado e desperta do letargo, da estagnação emocional a que te estás relegando.

letargo: desânimo

Além da loucura decorrente dos problemas orgânicos e emocionais, existe a de natureza que agasalhas e que pode irromper em tragédia de um para outro momento.

irromper: agir inesperadamente; invadir com violência; arrojar-se

Na área dos pensamentos depressivos a loucura se instala, preparando terreno para mais graves cometimentos infelizes, dentre os quais se destaca o suicídio.

É suicida, não apenas quem assume uma atitude autodestrutiva, através de um só golpe de alta violência...

É também suicida aquele que se não renova para o bem, entregando-se aos excessos de qualquer natureza, exorbitando das suas possibilidades vitais.

exorbitar: exagerar

Desse modo, a melancolia e seus sequazes são passos de alucinação para o irremediável comportamento suicida.

*

És filho de Deus a serviço da vida.

Estás na Terra para crescer e progredir.

Tens compromisso com a Criação, contigo e com o teu próximo.

Indispensável despertares para a responsabilidade e conscientizar-te do que podes fazer, para aceitar o que não podes alterar; modificar o que seja possível de transformado e dispor de sabedoria para distinguir uma de outra coisa...

Assume, contigo próprio, o elevado compromisso de amar-te e desenvolver as aptidões que te auxiliarão a conquistar o vir a ser.

Ama-te, porquanto esses clichês pessimistas são decorrência do descuido que te permites, do desamor a que te relegas.

Contempla o Sol e viaja com a claridade, não aceitando o convite das sombras da noite, que clarearás com as estrelas da tua fé religiosa.

Loucura e suicídio são termos de tragédia do cotidiano, que somente o amor, conforme o lecionou Jesus, conseguirá diluir, abrindo espaço para o êxito da Vida, a alegria de viver.

12
A imortalidade

A aparente brevidade da experiência carnal, que se interrompe mediante o fenômeno da morte física, antes que um castigo divino é bênção da Excelsa Sabedoria, propiciando novas circunstâncias e possibilidades para o crescimento espiritual do ser.

A morte que para os de compleição saudável se apresenta como uma tragédia, para aqueles que padecem constrangimentos dilaceradores é porta de acesso à liberdade, pelo que proporciona de lenitivo a paz.

compleição: aspecto, aparência

A permanência duradoura nas vestes carnais em desarticulação, pelas enfermidades e traumatismos ou através das conjunturas degenerativas, representa uma terrível expiação, que a morte benfazeja dilui, ao libertar o espírito das construções materiais.

Em várias circunstâncias, a ocorrência da morte representa merecimento do ser que se libera do presídio estreito e ganha os espaços onde o aguarda a felicidade.

estorcegar: debater-se

Mesmo para quem estorcega na consciência culpada, na delinquência, no prazer vulgar, na prepotência, na glória do mundo, o processo da morte constitui dádiva superior, pelo interromper do comportamento que, se continuasse, mais acarretaria gravames e desditas à contabilidade pessoal do incauto.

gravame: encargo, ônus, peso

incauto: imprudente

Morrer, portanto, é assumir a imortalidade, que permanece no corpo assim como fora dele.

Não lamentes os teus mortos, porquanto eles apenas desencarnaram, desvestiram-se das organizações celulares através das quais se movimentavam no mundo.

Antes, envolve-os em recordações felizes, comentários dignificantes. Eles te ouvem e participam da tua existência terrestre.

O teu desespero e inconformação os perturba, levando-os a paroxismos de aflição inimaginável.

imprecação: impropério, praga, maldição

As tuas imprecações e blasfêmias se lhes convertem em chuvas de ácido corrosivo, que os queimam e mais os infelicitam.

A tua saudade, porém, feita de ternura e compreensão envolve-os em vibrações cariciosas e dulcificadoras, que eles agradecem.

dulcificar: tornar-se doce; adoçar

Pensa nos teus mortos, sabendo-os vivos e partícipes da família, apenas situados em outro campo de vibrações.

Não te perturbes, face à morte deles, nem os perturbes com as tuas reações infelizes.

Ama-os e confia-os a Deus.

*

A imortalidade é conquista da Vida abençoando a Criação.

Somente existem transformações na aparência, permanecendo o Espírito em triunfo após a disjunção molecular pela morte.

Retornando do túmulo Jesus, vivo e triunfante, apareceu a Maria de Magdala e a inundou de felicidade ao lhe constatar a imortalidade.

Este reencontro, porém, somente foi possível porque a morte é passagem para a Vida.

Desse modo, agradece a Deus o fenômeno da morte biológica, pois que um dia ela te chegará, levando-te ao reencontro dos teus afetos e facultando-te a plenitude da vida.

13
Momentos com Jesus

Conforme a sua promessa, Jesus nunca nos abandona.

Na Sua condição de Pastor, vigia, socorre e acolhe todas as ovelhas do Seu rebanho de amor.

Na alegria como no sofrimento, na conquista bem como no prejuízo, Ele oferece apoio, inspira e conduz pelo melhor caminho.

Todo o Seu ministério prossegue centrado na compaixão e na misericórdia, nunca cessando de amparar.

Não obstante, vale a pena considerares os teus momentos com Ele.

Quantas vezes fizeste silêncio interior, a fim de ouvi-lO?

Lograste, no desespero, abrir espaço para a oração, de modo a sintonizares com o Seu pensamento?

Quando se conhece a Sua mensagem, identificando-se com o seu conteúdo e permitindo-se impregnar, todos os momentos da existência podem ser de comunhão com Ele.

O infortúnio surpreendeu-te na marcha da evolução? Eis o teu momento de reflexionar na Sua palavra: Bem-aventurados os que choram, porque eles serão consolados.

A enfermidade tomou-te o organismo, ameaçando a tua estabilidade física, emocional ou psíquica? Este é o instante de insculpires na alma o Seu ensinamento: Aquele que crê em mim, ainda que esteja morto, viverá.

insculpir: fixar(se) na memória; gravar-se; inscrever-se

A pobreza te encarcera em necessidades constritoras? Guarda a coragem, confiando na Sua afirmação: ajuntai tesouros nos céus onde as traças não roem, nem os ladrões roubam.

Sentes o fel da solidão, acompanhando as multidões em algaravia e desenfreio aparentemente felizes, enquanto sofres? Reflexiona em torno da Sua promessa: Eu estarei convosco até o fim dos tempos.

algaravia: algazarra

desenfreio: sem freio; sem limites

Sucedem-te ocorrências desagradáveis e contínuas, sem que as possas evitar? Medita na Sua pergunta: Que adianta ao homem ganhar o mundo e perder a alma?

Nem todo aparente insucesso é derrota.

O mundo encontra-se repleto de vitoriosos, que sucumbem vitimados em si mesmos.

Pululam pessoas sorridentes nos grupos sociais, amarguradas e a caminho de alucinações cruéis.

pulular: multiplicar-se rápida e abundantemente

*

Faze de todas as tuas horas momentos com Jesus.

Se criares o hábito de examinar a consciência após cada ação, jamais perderás o ensejo de tê-lO contigo e sentir a Sua presença.

fátuo: arrogante

O indivíduo fátuo, rebelde, egoísta, perturbador, cínico, anarquista, gostaria de fazer do mundo um lugar exclusivamente seu, onde pudesse desfrutar apenas de prazeres, sem qualquer contribuição superior para a alegria e o bem-estar dos demais seres.

anarquista: avesso a hierarquia ou qualquer forma de poder

Não conseguindo, desdenha da fé, menoscaba Jesus e nega-Lhe a presença.

menoscabar: desconsiderar desvalorizar

Apesar disso, Ele o assiste, não sendo percebido, porque todo aquele que está cheio de si ou de presunção, de revolta ou de recriminação, não possui percepção para senti-lO, não tem espaço para nada mais.

Os momentos com Jesus não são somente os de paz, mas também os de refregas. A harmonia se estabelece no indivíduo só depois que Lhe haure a energia benéfica.

refrega: luta; confronto; trabalho

*

Aquieta, desse modo, as ansiedades íntimas, as reprovações descabidas e abre lugar para os teus momentos com Jesus.

Dilatar-se-á a visão da realidade, plenificar-se-á a mente e dulcificar-se-ão os sentimentos em cada momento com Ele.

Se, por acaso, parecer-te difícil o desafio do encontro, não desistas, recordando o que Ele asseverou: Todo aquele que perseverar até o fim será salvo, isto é: desfrutará de paz, vivendo o momento perene de sintonia com o Seu amorável coração.

14
Progresso

Há, em todo o universo, uma harmonia que transcende o entendimento humano.

Todas as suas Leis funcionam em equilíbrio, graças ao qual se mantém como desafio à inteligência.

Para onde se dirige o pensamento, eis que detecta a magia dessa beleza incomparável que o desafia, impulsionando-o à glória estelar.

Quanto mais penetra no âmago da sua estrutura, mais se dá conta da grandiosidade desafiadora, que se agiganta diante dos seus olhos deslumbrados.

O ser que, desse modo, mergulha na incomparável realidade do Cosmo, sente-se, inevitavelmente, atraído para a decifração dos seus desafios, permitindo-se voos mais audaciosos, de forma que a vida passa a ter sentido e realização plenificadora.

Assim, fascinado, viaja pela imaginação, procurando os equipamentos capazes de facultar-lhe o entendimento da vida em si mesma e, quanto mais percebe esse mecanismo, mais se descobre, constatando a própria pequenez.

Apesar disso, não para.

Há, nesse ser sonhador, um apelo silencioso para que prossiga no empenho de tudo resolver e equacionar, como se desse logro dependesse a sua própria existência o que, de certo modo, é verdade.

logro: objetivo

A vida, para ser realizada e, portanto, fruída conforme merece, conclama a criatura à elevação de propósitos e de realizações mediante cujas satisfações a tornam conquistada.

fruir: desfrutar; gozar; utilizar (vantagens, benefícios)

*

Detém-te ante as pequenas atrações que te absorvem o tempo, levando-te a conflitos injustificáveis e busca os alcantis dourados e desafiadores do pensamento.

alcantil: cimo, cume

Para onde direcionas o ideal encontrarás apelos aguardando respostas e necessidades solicitando ajuda.

Em todo lugar, parece que se oculta parte das aspirações que acalentas, esperando apenas que te disponhas a desempenhar o papel para o qual reencarnaste.

acalentar: aconchegar; dar incentivo; alimentar

À medida que adquirires sabedoria, irás percebendo que as conquistas reais são aquelas que podem acompanhar o ser além dos limites físicos, constituindo tesouros de valor inapreciável.

Há pessoas que se empenham pela aquisição de recursos de importância secundária e se sentem realizadas, porquanto transitam nas faixas das necessidades mais simples, ainda não tocadas pela realidade transcendental de si mesmas.

Tu, porém, que sabes ver além dos limites dos olhos e escutar o grande silêncio do Universo, não te detenhas nas mesquinharias que podem agradar por um momento, no entanto, são de efêmera significação.

Vai além, pois o progresso é infinito e ele aí está diante de ti, convidativo.

*

Jesus, o ser mais perfeito que já esteve na Terra, afirmou que todos nós estamos destinados à grandeza espiritual, e que o Pai espera por nós, razão pela qual, também Ele se empenha em nos ajudar, realizando a vontade que O enviara ao planeta de sombras e de provas.

Apesar disso, se desejares apressar a tua conquista, embora disponhas dos instrumentos da ciência e do conhecimento, recorre ao amor, que é a resposta de Deus a todos os anelos humanos, e que somente está esperando que esse ser desejoso de felicidade, que és tu, te empenhes na conquista de ti mesmo e do teu irmão, dessa forma atingindo o momento culminante, que é a total entrega a Deus.

15
Coerência legítima

É natural que o indivíduo, no seu círculo social, busque agradar aos demais companheiros, gerando simpatia e cordialidade.

No inter-relacionamento pessoal há uma necessidade premente de se fazer amigos e se conquistar corações.

premente: imediato

Multiplicam-se os métodos de persuasão para facilitar o êxito no grupamento comunitário, o destaque na esfera humana em que cada qual se movimenta.

A preocupação com a aparência e com os resultados dos esforços de ampliação do círculo de amizades torna-se, às vezes, exagerada, como se a finalidade exclusiva da existência fosse o triunfo nos negócios, na convivência, na sociedade...

O cristão decidido, no entanto, tem outra meta, que é o autoaprimoramento moral.

Interessado na conquista de patamares espirituais mais elevados, sem desconsiderar a vida social, entrega-se a outras buscas, aquelas que lhe facultam a transformação de hábitos para melhor, a renovação de conduta, que mais se deve aprimorar.

Reconhecendo a fragilidade da organização física em que transita e a reatividade do tempo terrestre na sua realidade eterna, aplica-o na vivência do programa espiritual que lhe constitui a vida.

Sabendo que a reencarnação é uma experiência de breve curso, aproveita-a para te iluminar buscando erradicar as paixões perturbadoras e fixando os sentimentos enobrecedores.

afadigar: cansar-se; fatigar-se; trabalhar exaustivamente

Consciente de que o maior êxito que pode conseguir é em relação às próprias imperfeições, afadiga-te por superar-te a cada dia, insculpindo o bem na mente e no coração, que lhe passa a nortear os passos.

*

conivência: coparticipação, cumplicidade

Êxito e simpatia na Terra são aquisições de breve duração.

Os amigos exigem consideração constante, concordância contínua, conivência...

comensal: convidado

A mesa farta, as festas frequentes, os encontros alegres constituem o cardápio apetitoso para os comensais do prazer e da ilusão.

Rapidamente, porém, eles mudam de endereço aonde se locupletam passando a outros ídolos, a outras movimentações, a outros recintos...

locupletar: fartar

Ademais, ninguém agrada realmente a quem se compraz com a mentira, a bajulação, o endeusamento.

compraz: sentir contentamento ou prazer

Saturam-se, tais pessoas, com facilidade, em suas existências ociosas com os seus corifeus e admiradores.

corifeu: guru, líder

Entediados, estão sempre em busca de sensações novas até quando a enfermidade, os revezes do caminho e a morte os convidam à realidade.

*

Não te amargures, pois, se te sentes isolado, incompreendido, censurado, porque elegeste a Causa do Bem no mundo, a tua libertação moral.

Sempre haverá quem censure outrem, particularmente, nos círculos da frivolidade na qual todos parecem simpáticos e apenas parecem...

Respeitando a sociedade e os seus grupos, buscando auxiliá-los, não te submetas às suas exigências e caprichos.

Segue a trajetória traçada em paz íntima, sem outro aplauso que não seja o da própria consciência.

Sê, portanto, coerente nos atos com aquilo que pensas e falas.

*

Jesus era o Homem sociável, por excelência.

Conviveu com as criancinhas, participou do festim de bodas, dialogou com os réprobos e repudiados, visitou os enfermos e os curou, obedecendo à Lei, frequentou a Sinagoga, movimentou-se nas multidões que atraía, confortou a todos que O buscavam em sofrimento, desobrigou-se com elevação dos deveres domésticos, mas insurgiu-se contra os poderes político e religioso arbitrários, enfrentando o farisaísmo com serenidade e invectivando a hipocrisia, a hediondez...

réprobo: exilado, condenado

farisaísmo: movimento religioso

invectivar: criticar

hediondez: monstruosidade

... E não se submeteu a ninguém, nem a grupo algum, porque a Sua deveria ser uma conduta exemplar, uma vida impoluta, ensinando e vivendo a proposta do amor de Deus.

impoluto: puro, virtuoso

Nunca cedeu às paixões dominantes, nem se preocupou em agradar aos poderosos, aos indivíduos em geral.

Amou-os, mas não se permitiu adaptar-se aos seus gostos.

Trouxe um compromisso que desempenhou com elevação.

Por isso, pagou o preço da Sua vinculação com a Verdade e da Sua coerência com a Realidade que desvelava.

desvelar: esmerar, cuidar

Toma-O como Modelo e não te preocupes com mais nada, realizando o teu dever, aquele para o qual renasceste.

16
Afabilidade

No turbilhão dos sentimentos desordenados e no galopar sem freio das paixões na atualidade, faz muita falta a afabilidade.

afabilidade: atributo de quem é afável, cortês, delicado

À medida que a criatura se distancia dos compromissos morais elevados, a benevolência para com o próximo diminui, sendo substituída pela aspereza no trato e pela indiferença em relação aos valores éticos. Como consequência, uma frieza emocional toma corpo nos seres humanos, escasseando as expressões de solidariedade e de amor nos corações.

Os impulsos primitivos em predomínio conturbam a razão, colocando os ideais em plano secundário com predominância da violência e do egoísmo.

A afabilidade é conquista do coração, que envolve o homem em halo de paz, auxiliando-o a exteriorizar as superiores manifestações do Bem, que pode alterar as paisagens morais da Terra.

Quando escasseiam essas manifestações de envolvimento afável, aumentam a hediondez e o crime, que convulsionam as mentes e aterrorizam as emoções.

hediondez: monstruosidade

A afabilidade trabalha em favor da harmonia e sempre se manifesta envolvente, confortadora.

melífluo: agradável

inefável: encantador; inebriante; indizível; indescritível

Não nos referimos a essa exteriorização artificial e melíflua, usada para impressionar, portadora de objetivos inconfessáveis.

A máscara, que se coloca na face para disfarçar a realidade brutalizada da criatura primária, nunca poderá produzir as inefáveis irradiações da afabilidade real.

Constituída pelos elementos sutis da ternura e da compreensão das necessidades do próximo expressa-se solidária e envolvente em todas as circunstâncias, sem aguardar recompensa, não objetivando receber outra, que não seja a resposta do bem-estar daquele a quem é oferecida.

A afabilidade é como a luz suave e purificadora que se anuncia sem alarde e predomina sem ostentação.

*

Nas vidas dos homens e mulheres abnegados, que viveram e ensinaram o amor e a sabedoria a outras criaturas, a afabilidade caracterizou-lhes sempre o ministério.

Francisco de Sales e Einstein, Vicente de Paulo e Alfred Muset, Tereza d'Ávila e Maria Curie, Albert Schweitzer e Pasteur sempre se mantiveram afáveis nas atividades a que se entregaram, nas diferentes áreas em que se movimentaram.

A santificação e a glória da pesquisa científica e a aquisição artística e ético-filosófica sempre exigem a afabilidade no trato, a doçura do sentimento, a perseverança no ideal, a fim de ser conseguida.

*

A afabilidade nasce na manifestação inicial do amor e cresce na sua experienciação ao largo da existência.

Quanto mais se exercita, tanto mais se enriquece, nunca diminuindo, quando mais se oferece.

Um ser afável é um coração feliz.

*

Não reajas ante a arbitrariedade, contaminando-te com a ira e rebelando-te, assim tornando-te igualmente violento.

Devolve com afabilidade as agressões recebidas.

A força da não violência é energia que supera qualquer outra, modificando as estruturas íntimas de quem desencadeia a fúria.

Jesus, em todas as circunstâncias manteve-se benevolente, mesmo quando agredido, perseguido e traído.

Algumas vezes, não obstante convidado a agir com vigor, Jesus manteve a afabilidade, nunca descendo ao nível dos que se Lhe apresentaram como adversários.

Assim, tenta manter-te afável sempre, embora não sejas compreendido nem aceito de princípio.

A afabilidade real sempre termina por predominar. Não o duvides.

17
Perseguições

léxico: conjunto de palavras e definições de uma língua

emular: estimular

LEXICAMENTE, COMPETIR É FORMA DE EMULAR uma atitude saudável de aferição de valores, a fim de se estabelecerem metas, cada vez mais altas, que se devem conquistar.

A competição, por isso mesmo, estimula os indivíduos a desenvolver as aptidões inatas e aprimorá-las, de modo que se destaquem os recursos ignorados, inimagináveis, que dormem no ser.

A competição dignifica o indivíduo que luta e cresce, facultando a comparação das conquistas e favorecendo a qualificação de cada resultado.

litígio: combate, disputa, conflito

Não obstante, quando os competidores não se encontram nas condições exigíveis para o embate ético superior, derrapam nos litígios infelizes que lhes desvelam o primarismo no qual estacionam.

Incapazes de compreender que a competição tem valor educativo, estimulante, pensam apenas em vencer, em projetar a imagem pessoal em detrimento das realizações morais e, desequipados da capacidade para saber admirar os triunfadores, arruínam-se e enlouquecem.

Como decorrência, quando não conseguem destacar-se pelo triunfo que os fascina, entregam-se, inferiores, aos injustificáveis aranzéis da intriga e da combatividade contra aqueles que se lhes apresentam na condição de adversários.

aranzel: discurso

Deixam de ser competidores para se transformarem em perseguidores.

Armam ciladas, ciumentos do que consideram êxito alheio e se dedicam a infernizar a vida dos outros, mediante expedientes cruéis e incessantes combates, nos quais são utilizadas todas as armas da vilania e da indignidade.

vilania: atributo ou caráter do que é vil ou vilão

No plano espiritual, a problemática apresenta-se mais grave, porquanto se adicionam à condição enfermiça do perseguidor, favores negativos do passado, recordações desagradáveis, acontecimentos infelizes, de que se dizem vítimas e que pretendem ressarcir pelo ódio o que supõem haver sofrido nas mãos de quem considera adversário.

Não se dão conta ou preferem ignorar a grandeza das Divinas Leis, que trabalham objetivando o bem geral, a felicidade de todos.

nefasto: nocivo, danoso

Corroídos pela inveja, aturdidos pelo despeito, magoados pelo ciúme, agridem e se utilizam de recursos nefastos, desde que aflijam aqueles a quem passam a detestar.

indene: ileso, intacto

Ninguém vive indene à sua sanha.

sanha: vontade incontrolável, rancor, fúria, desejo de vingança

Nem Jesus passou pelo mundo sem sofrer a perseguição gratuita em ambas as faixas de comportamento físico e espiritual.

*

Estás na Terra em processo de purificação e, como consequência, não poderás viver sem sofrer o aguilhão dos perseguidores de vários jaezes.

Se houvesses tombado nas suas garras, apenas te estimulariam as tendências inferiores, mantendo-te nas faixas densas da ignorância e da perversidade.

aguilhão: dor, sofrimento

jaez: tipo, espécie

Como te elevas a cada dia rumando para os ideais da plenitude, eles, os teus adversários, não te perdoam o crescimento e arremetem violentos, desejando anular-te, tombar-te, vencer-te, para te explorar espiritualmente as energias e os ideais.

Os pigmeus morais detestam os gigantes espirituais.

Não os receies, porém, não sintonizes com eles.

Considerando-te falível, vigia mais, tolera e compreende as demais pessoas, enriquecendo-te de paciência, a fim de não seres vencido pelos vapores da ira, pelos tóxicos da rebeldia, pelos venenos da maldade.

Prossegue pacífico e dócil.

Elegeste o Amor como modelo de teus dias e deves vivenciar a sua mensagem.

Os teus competidores-perseguidores cansarão de agredir-te e desistirão, porque te verão triunfar, enquanto permanecerão na retaguarda.

Alegra-te, portanto, por estares experimentando provações e também por reconheceres a própria fragilidade.

Candidataste-te à glória espiritual após largo trânsito nas baixadas das paixões infrenes, perturbadoras.

infrene: descontrolado

Desfruta agora a honra de resgatar, e sê luz nas trevas, erguendo aquele que jaz ainda na ignorância.

*

Tens, em Jesus, o Ser ideal.

Quanto mais Ele amava, tanto mais era perseguido, embora sem culpa.

Assim mesmo, legou-nos o mais precioso tesouro de que a Humanidade tem notícia: o exemplo de amor insuperável.

Segue-O, semeando o bem com as mãos ricas de bondade, o coração embriagado de alegria e a emoção dominada pela Caridade.

Chegarás ao termo da jornada em paz, e os teus perseguidores, tu os transformarás em amigos, e mais do que isso, em verdadeiros irmãos, amando-os a todos.

18
Cilícios morais

cilício: sofrimento, tormento

A empresa da transformação moral, para ser mais bem assumida pela pessoa consciente das suas responsabilidades de evolução, assume proporção desafiadora, hoje como ontem, e mais agora, face às circunstâncias e compromissos que a envolvem.

Estabelecido o programa a desenvolver, surgem os impedimentos mais variados, que parecem conspirar contra os propósitos de enobrecimento.

ressumar: manifestar; dar passagem

São as heranças ancestrais em forma de hábitos perniciosos arraigados, que ressumam, levando o candidato ao Bem a reincidir nos erros a que se vincula.

Desestímulos constantes assaltam-lhe a casa mental e os equipamentos orgânicos, produzindo-lhe penosas sensações de enfado ou de desagrado, como se estivesse lutando contra uma correnteza volumosa, quase invencível.

Distrações variadas, lhe preenchendo os espaços emocionais, propõem alteração de conduta e abandono do compromisso difícil.

A insignificante colheita inicial de resultado apresenta-se como fator desestimulante, que se manifesta como perda de precioso tempo.

Preocupações que surgem inesperadas desviam-lhe a atenção da meta, induzindo, a seguir, às variantes do imediatismo.

O volume de ocorrências de pequena monta em ameaças constantes encaminha-lhe o interesse para outras áreas que parecem mais urgentes.

Tudo isso faz parte das dificuldades que repontam, quando são tomadas decisões de alto significado para a vida espiritual.

repontar: começar a surgir; aparecer de novo

Liberdade é alvo que fascina, mas por caminho atapetado de urze e abrolhos.

urze: planta de solo arenoso

abrolho: espinho

Sem um esforço perseverante e uma vigilância constante, o candidato ao tentame abandona-o com facilidade, transferindo-se para os prazeres de resposta imediata.

Como a conquista do bem-estar real é inevitável para quem aspira aos ideais enobrecedores da Humanidade, abandoná-la é irrisão e loucura, porque as aquisições vãs sempre deixam frustração e amargura.

irrisão: zombaria, escárnio, ingenuidade

*

Relacionas dores e insucessos durante a existência, que esperavas fosse assinalada pelas alegrias da fortuna, do conforto, da família feliz e das tuas aspirações coroadas de êxito.

Anotas prejuízos na jornada e decepções que te assinalam profundamente, quando anelavas pelos sorrisos, compensações e glórias terrenas.

Referes-te a enfermidades que te excruciaram, ou ainda te maceram, em detrimento da saúde que desejavas permanecer fruindo.

Vês os que se banqueteiam no prazer intérmino, enquanto lutas, afanosamente, para a conquista do apenas necessário.

Surda revolta, então, assenhoreia-te e pensas em largar tudo, ou quase tudo...

São essas reflexões infelizes e ingratas.

Recompõe o raciocínio e olha aqueles teus irmãos crucificados em traves invisíveis, sob dores cruéis e sem consolo; os esfaimados de pão, de esperança e de amor; os que nasceram fanados sob cegueira, surdez, mudez rigorosas ou estiolados pelas degenerescências difíceis de catalogadas; os que tombaram dos tronos da ilusão e estão abandonados pelos seus incensadores; os esquecidos nos guetos de miséria; os odiados; os atormentados...

Possuis recursos valiosos que desconsideras, e as pequenas ocorrências que atribuis significado superior à realidade, superaste, permanecendo em condição de avançar e ser feliz.

excruciar: atormentar; martirizar; causar grande aflição

macerar: mortificar; torturar

fruir: desfrutar; gozar; utilizar (vantagens, benefícios)

afanar: afadigar-se; trabalhar ativamente

esfaimar: privar de alimentos; esfomear

fanar: confinar

estiolar: enfraquecer

catalogar: identificar

incensador: bajulador

A flor que se anuncia é formosa, mas o fruto que surge é alimento que dá vida e energia.

A tua conquista espiritual cilicia-te, sim, porque te aprimora.

ciliciar: mortificar

A contribuição em dor ou em soledade, em perda ou em renúncia, em tristeza ou em cansaço faz parte do processo de conquista de mais elevado patamar, que alcançarás após a luta vencida.

Não reajas, desse modo, ao aguilhão do esforço de crescimento; não maldigas a montanha que estás galgando; não lutes contra o estímulo-dor que te elege para a glória sideral.

aguilhão: impulso, estímulo

Toda ascensão produz sofrimento nas primeiras tentativas, para retribuir com a beleza do horizonte ilimitado, quando visto do alto.

Jesus, coroado de espinhos e na cruz, estava sob rude testemunho que passou. No, entanto, a ingratidão e a indiferença daqueles a quem ama, até hoje certamente representam-Lhe um cilício moral intérmino, que te cabe extirpar quanto antes, coroando-te de estrelas fulgurantes que conseguirás ao imolares as paixões inferiores, substituindo-as por expressões de sacrifício e de abnegação.

cilício: sofrimento, tormento

imolar: sacrificar-se em benefício de; renunciar

19
Quase a sós

Quando elegeste o objetivo da renovação moral, crescendo para a Vida e libertando-te das paixões inferiores, te deste conta de que essa marcha é quase solitária.

Dificilmente encontrarás quem te compreenda o esforço, que se transforma quase em sacrifício.

olvidar: perder a memória; esquecer

Aqueles que se te acercam, sensibilizados pelo teu empenho e pelas primeiras conquistas realizadas, ficam deslumbrados, olvidando-se de ti como pessoa e logo passam a exigências descabidas, transferindo para o teu campo de ação os compromissos a que se omitem ou que não querem atender.

Não percebem o teu cansaço, quase ao limite de exaustão, nem se dão conta das tuas necessidades íntimas, que preferem interpretar a seu próprio modo.

Prometem auxiliar-te e, com vagar, passam a impor-te o que consideram bom, não observando que o teu discernimento sabe eleger o que te é melhor.

São almas gentis, sem dúvida, no entanto, caprichosas, imaturas, que estão aferradas aos interesses da projeção terrestre de que te queres libertar.

Necessário que não titubeies ante as suas imposições que te poderiam desviar da rota escolhida.

Já deves saber o que te é melhor, mais importante, e como desincumbir-te da empresa evolutiva.

Prossegue, portanto, com os teus planos, pensando no Alto e sintonizando com Deus.

*

No terrível dia de Jerusalém – o da Crucificação – a cidade estava repleta de residentes e de visitantes, no entanto, Jesus, que sempre estivera cercado pelas multidões, naquela ocasião se encontrava quase a sós... O Pai O conduzia, mas no plano humano, a cruz era somente dEle...

Dias antes, os amigos aguardavam que Ele disputasse o lugar transitório da governança nacional, após a entrada triunfal na urbe famosa. Outros acalentavam o anseio de que Ele, dominando o romano odiado que esmagava o povo, concedesse-lhes oportunidades de glórias políticas... Muitos, que ora O anatematizavam, reconheciam-lhe a grandeza, que se lhes não submetera aos caprichos e, por isso mesmo O desprezavam, revoltados com a Sua franqueza... Diversos haviam esperado que no momento do ultraje Ele reagisse, e como isso não ocorrera, O abandonaram...

urbe: cidade; aglomeração humana

anatematizar: maldizer, rotular, criticar

Ele, porém, que sempre esteve quase a sós, acostumara-se com o rebanho inconsequente, desatento, não guardando qualquer ressentimento.

Permaneceu incorruptível até o fim, como lição viva de coragem e de entrega total.

*

Caminharás, por tua vez, desde que aceitaste o desafio da evolução, quase sempre a sós... Talvez, aplaudido por uns e detestado por outros.

sarcasmo: ironia, por vezes insultuosa

Comentada, a tua vida será motivo para ser imitada e móvel de sarcasmo.

ditame: regra

Considerados estranhos os teus hábitos, desejarão submeter-te aos seus ditames e costumes, para te corrigir, mas, em verdade, estarão brilhando na luz que pensam a eles pertencer.

Tem paciência com eles, os teus amigos caprichosos e difíceis.

De certo modo, não é fácil a convivência contigo, porque os teus são ideais diferentes daqueles que caracterizam a maioria. As tuas são atividades mais profundas e mais desgastantes que as dos outros, que não habituados a elas, não podem avaliar.

... Mas canta, em qualquer conjuntura, a alegria de viver, de estar com eles, os teus irmãos na marcha ascensional, estimulando-os ao avanço, mesmo quando tu desejes o silêncio, a quietude, a meditação, a lágrima, e eles te exijam palavras, presença, animação...

Ergue-os e ergue-te, por tua vez – embora quase a sós – aos Cimos da Vida, que te aguardam depois de vencida a presente etapa de esforço e sacrifício com o pensamento em Jesus.

20
Flagelo das obsessões

desvestir: despir-se; tirar a roupa

Ninguém se engane. A morte é instrumento cirúrgico que desveste o Espírito da sua indumentária material, mais não o transforma moralmente.

Morrer, por isso mesmo, é transferir-se de uma para outra vibração, sem que ocorra uma real modificação de estrutura na sua intimidade.

ínsito: que está intimamente gravado; impresso no ânimo

Vícios e virtudes prosseguem ínsitos no ser profundo, sem que sejam erradicados os primeiros ou sublimadas as segundas a golpes de magia.

Impregnado pelos hábitos nele instalados, o Espírito desperta com as características que lhe eram comuns durante a experiência carnal.

pulular: multiplicar-se rápida e abundantemente

compraz: sentir contentamento ou prazer

Desse modo, pulula, além da esfera orgânica, uma população expressiva de Espíritos em desconserto emocional e moral que, sofrendo, compraz-se em afligir e perturbar aqueles que transitam no mundo, imantados às paixões inferiores, cultivando vícios e escravizados aos instintos primitivos.

Tornam-se, por isso mesmo, os agentes de terrível flagelo das obsessões, que campeiam desenfreadas.

campear: mover-se pelos campos, explorando-os; exercer domínio; imperar

Vinganças absurdas se apresentam em campeonatos de horror, lamentáveis, demonstrando a selvageria da ignorância em predomínio.

Pugnas mentais desdobram contínuas, atormentando indivíduos desatentos às questões espirituais.

pugna: luta, batalha

Cobranças injustificáveis e cruéis transformam-se em fenômenos psicopatológicos de largo curso, afligindo pessoas equivocadas que se entregam aos estados paroxísticos, dolorosos.

paroxístico: crítico

Conflitos íntimos arrasadores restituem a consciência de culpa no invigilante, abrindo espaço para a instalação de transtornos psicóticos profundos.

Perseguições sistemáticas, ininterruptas, exaurem criaturas susceptíveis que se entregam a depressões arrasadoras ou a surtos esquizofrênicos com recidivas constantes.

recidiva: reincidência; recorrência; reaparecimento

... Larga faixa de obsessões arrasta incautos no seu curso e atira-os aos estados de aparente loucura, de infelicidade interior, que dominam expressivo grupo da sociedade terrestre.

incauto: imprudente

A obsessão é enfermidade perigosa, que grassa, perversa, chibateando o dorso da Humanidade, em sevícias contínuas, demonstrando o prosseguimento da vida além-túmulo...

grassar: alastrar, espalhar

sevícia: tortura, maus-tratos

enferme: acabrunhado, adoentado

Os apóstolos, na Igreja primitiva do Cristianismo, aplicavam a psicoterapia do amor e do esclarecimento aos Espíritos enfermes com os quais dialogavam constantemente.

Seguindo a tradição socorrista de Jesus, cuja autoridade moral imprimia respeito a cuja luminescência clareava interiormente os doentes espirituais, eles procediam da mesma forma, em momentosos labores de compaixão e de caridade, modificando a sua estrutura íntima e acordando-os para a realidade da situação em que se encontravam.

anatematizado: martirizado

Restaurando o elevado ministério de reequilíbrio na saúde física e mental dos anatematizados pelas rudes obsessões, os discípulos atuais do Espiritismo estão informados e são portadores de recursos que podem alterar, para melhor, a paisagem moral e espiritual da sociedade contemporânea.

vigente: corrente, válido

estertorar: agonizar

flagício: tortura sofrimento

Indispensável que todos os homens de bem se alistem nas falanges da caridade aos desencarnados em aflição, cuidando de moralizar-se e instruir-se sobre as questões importantes da vida no além-túmulo, alterando a grave situação vigente, assinalada pelas grandezas e misérias, nas quais o ser humano estertora sob o flagício das obsessões.

*

A morte, portanto, é portal para a vida, e cada ser desperta após o sono da desencarnação, com os equipamentos morais e espirituais que sempre conduziu.

Visitado pelos obsidiados, Jesus penetrava, psiquicamente, nas causas de cada perturbação e, usando de autoridade e amor, libertava os obsessos e os obsessores, facultando-lhes o acordar para a Vida, dispostos à recuperação e à pacificação da consciência.

obsesso: perseguido; atormentado

Diante do flagelo das obsessões em predomínio na comunidade humana, a proposta terapêutica do Evangelho é a única portadora de substância iluminativa para alcançar o objetivo da libertação.

Jesus, portanto, hoje como ontem, é o psicoterapeuta-exemplo a Quem todos devemos recorrer, auxiliando os enfermos da alma que transitam alucinados, fora do corpo.

21
Desconhecimento do futuro

inescrutável: insondável

Entre as inescrutáveis leis de Deus chama a atenção, merecendo reflexões, a que se refere ao desconhecimento do futuro concedido à criatura humana.[1]

precognitivo: aquele que tem a faculdade psíquica de ver eventos no futuro

Oportunidades surgem, nas quais, pessoas portadoras da faculdade precognitiva captam fragmentos de possíveis ocorrências porvindouras, no entanto, são sempre as de grave ressonância que se permitem registrar.

Em uma análise dos fenômenos proféticos têm primazia as ocorrências que são de caráter trágico, portadoras de comoção e terror, convidando a criatura humana, individual e coletivamente, à mudança de comportamento, de modo que com essa atitude possa alterar o rumo dos acontecimentos, mas o que raramente ocorre.

[1] Allan, KARDEC, *O livro dos espíritos,* questões 868 e seguintes.

Destacam-se, no entanto, entre as notícias proféticas otimistas, que são raras, o nascimento de Jesuse a Sua missão extraordinária, por ser Ele o divisor das épocas, dando início à Era do amor que, lamentavelmente, ainda não se implantou na Terra, e só a pouco e pouco se instala nos corações.

Não obstante os anúncios alvissareiros, quando de Sua chegada, Ele não encontrou receptividade; antes defrontou corações covardes e agressivos, em razão das aspirações exacerbadas dos Seus contemporâneos, que aguardavam um Messias vingador dos seus sofrimentos, que lhes concedessem glórias e honras em detrimento da restante Humanidade, mas que o túmulo sempre toma e desconsidera.

alvissareiro: esperançoso, promissor

*

É providencial a ignorância do futuro, porquanto as resistências psicofísicas dos seres, como têm dificuldades para enfrentar o presente com calma, menos recursos possuem para viver por antecipação o amanhã.

Insistem muitos indivíduos, em tentar descobrir os acontecimentos porvindouros, derrapando nas fantasias e ilusões com as quais se fascinam e se embriagam.

Soubesse-se das graves ocorrências por suceder e, sem dúvida, o sofrimento seria antecipado, gerando depressão e loucura, desespero e suicídio.

Aguardar a chegada de tragédias e dramas, de infortúnios e dissabores constituiria desgraça injustificada, maior do que o fato em si.

Tivesse-se conhecimento por antecedência de sucessos felizes, de vitórias afetivas, de glórias por conquistar e a ansiedade tornaria desditoso o período que separa o momento da descoberta ao da sua concretização.

desditoso: desafortunado; infeliz

Ademais, nasceria tormentosa desconsideração pelo presente, cuja condução modificaria o futuro.

No rio do tempo somente o hoje é vital.

Vivê-lo com elevação e nobreza é a forma feliz de anular o ontem e programar o amanhã.

O ser humano está elaborado com equipamentos próprios para o trabalho de crescimento espiritual conforme as condições do planeta que habita.

Quem deseja conhecer o próprio como o futuro da Humanidade, examine o seu comportamento e escreva com atos atuais as determinantes que comporão as paisagens que irá defrontar mais tarde.

Não há favoritismo nas Leis de Deus que facultem para alguns conquistas e favores, que a outros sejam negados.

Todos passam pelo mesmo crivo de elevação ao custo de esforço pessoal indeclinável.

crivo: análise, exame

*

Se aspiras conhecer o teu futuro, examina o teu presente, programando os teus pensamentos, palavras e atos que formarão o tecido do que está por vir.

Se aspiras saber do teu passado, aprofunda reflexões nos teus dias atuais e concluirás como ele ocorreu, em razão daquilo que és agora.

O desconhecimento do futuro, qual sucede com o do passado, é bênção da Vida, contribuindo para uma existência harmônica, embasada na confiança dos resultados do amor e do trabalho, que são alavancas promotoras do progresso para todos.

Quando Deus permite ao ser humano conhecer o futuro em caráter especial, assim o faz, objetivando o seu e o progresso da sociedade. A forma como o indivíduo se utiliza desse conhecimento é de sua inteira responsabilidade, assim também as consequências disso advindas.

A cada instante estás alterando o teu futuro mediante as tuas ações.

Desse modo, constrói-o em luz e em paz, mesmo que estejas caminhando entre sombras e sobre espículos que te ferem os pés.

espículo: espinho

Não desfaleças, e segue adiante no rumo do teu amanhã, que começa agora.

22
Definindo rumos

Generaliza-se, sem qualquer fundamentação, o conceito, graças ao qual as pessoas alcançam o conhecimento doutrinário do Espiritismo pela dor ou através do amor.

Em uma visão superficial pode-se calcular o número de pessoas incursas nessa questão. No entanto, a realidade pode ser desdobrada para uma análise mais profunda, em torno do relevante assunto dos rumos a seguir durante a existência carnal.

incurso: comprometido; envolvido

A criatura humana ainda se encontra desaparelhada psicologicamente, com as exceções compreensíveis, para os graves desafios da evolução. Mergulhadas no oceano das sensações, são mais facilmente atingidas pelos agentes fortes que lhes ferem os sentidos, não possuindo a conveniente sensibilidade para registrar as delicadas mensagens da vida e os sutis convites para o crescimento interior.

Os interesses imediatistas apontam os rumos do prazer e da comodidade, em detrimento dos esforços de renovação e do trabalho para a edificação moral.

Situando-se no plano físico, equivocadamente, cultivando ideias de perenidade, os indivíduos se voltam para os valores objetivos, negligenciando as responsabilidades éticas e transferindo a execução dos deveres espirituais.

Em face de tal comportamento, surpreendem-se amiúde, quando veem desmoronar os castelos de areia das ambições equivocadas, desejando, apressadamente, soluções impossíveis de ser encontradas.

amiúde: frequentemente

Surpreendidas pelos fenômenos naturais do percurso existencial tombam em lamentáveis estados de desconforto moral, de desânimo, ou resvalam pelas rampas da rebeldia e da violência.

resvalar: derrapar escorregar

Apressadamente, buscam apoio e respostas nas doutrinas libertadoras, aportando especificamente no Espiritismo, ansiosas umas, levianas outras, irresponsáveis muitas, sensatas diversas, sérias e circunspectas inumeráveis.

circunspecto: atento, prudente, discreto

*

Por essa razão, contam-se, nas hostes espíritas, aqueles indivíduos que chegaram mediante informações; grupos que vieram batidos pelo vendaval do sofrimento; curiosos buscadores da fenomenologia mediúnica e, por fim, os estudiosos, perquiridores sinceros, nos seus objetivos desinteressados de novidades e sem o culto da personalidade.

hoste: grupo, congregação

perquiridor: investigador

Os primeiros escutaram desencontradas notícias a respeito dos imortais e das atividades espíritas, chegando à seara movidos pela curiosidade e pelo descompromisso.

Os segundos acercaram-se vencidos pelos fenômenos normais da dor, aguardando equacionamentos rápidos e de fácil solução para os problemas que desenvolveram em largo período de tempo.

Os terceiros sentiram-se interessados na fenomenologia rica de novidades e surpresas, como brinquedos que se substituem depois de usados, sempre os deixando por outros mais interessantes e compensadores nos jogos da frivolidade infantil.

Os estudiosos, no entanto, foram atraídos pela gravidade dos seus postulados e dos fenômenos resistentes às teses que se lhes opõem, permanecendo portadores de inexaurível fonte de informações e de consolo.

postulado: fatos reconhecidos e pontos de partida de uma argumentação

inexaurível: inesgotável

Os primeiros facilmente desertam, porque mantêm as ideias que já trouxeram e em que procuram situar a Doutrina, desinteressados no que ela tem para lhes oferecer.

Os sofredores, na sua grande maioria, recusam-se a crescer e quando permanecem nas fileiras espíritas, transitam de um para outro estado de dor, variando as causalidades, aguardando sempre e sem cessar a ajuda, a compreensão, o atendimento para os seus vários e constantes males.

Somente aqueles que estudam os conteúdos espíritas e deles se impregnam é que se tornam espíritas sinceros e úteis, passando da posição de observadores para a de atuantes, que se comprometem com a consciência do serviço, tornando-se instrumentos do bem.

É provável que, mesmo entre esses, surjam alguns que insistam em prosseguir observando sem envolvimento emocional, guardando dúvidas, que mantêm diletantes e indiferentes.

diletante: superficial

*

Os rumos, a seguir, no movimento espírita, exigem convicção doutrinária, sacrifício pessoal, resolução consciente e refletida.

Não se apoia em pessoas ou Casas, mas se alicerça esse espírito de trabalho na Causa que a Mensagem desvela, impulsionando ao crescimento íntimo, à libertação.

desvelar: empenhar-se; agir com diligência

Allan Kardec, sensata e sabiamente, depois de classificar os participantes e interessados no Espiritismo, alguns como adeptos, outros como espíritas imperfeitos e mais outros como sinceros, definiu os rumos morais dos candidatos ao conhecimento da Doutrina, e particularmente à sua vivência e divulgação.

23
Amor, justiça e caridade

Quando Allan Kardec, inspiradamente, estabeleceu a décima lei moral, desdobrando-a do princípio universal que se encontra na Natureza, asseverou que o amor, a justiça e a caridade deveriam albergar todas as demais, com o que os Espíritos Nobres da Codificação anuíram completamente.

anuir: consentir, concordar

O amor, sintetizando todas as necessidades do ser e da vida, preenche-as, por ser o prolongamento do Psiquismo Divino, a tudo sustentando e promovendo.

Desse modo, em qualquer circunstância, amor.

Face às injunções difíceis no tempo, amor como solução.

injunção: imposição; exigência; pressão

Diante de toda agressão e ocorrência infeliz, ainda o amor em ação.

Em qualquer lugar, onde surjam desafios, a presença do amor realiza milagres.

O amor é a base sobre a qual a justiça levanta os seus pilotis.

piloti: pilar

Convidado a punir o infrator e malsiná-lo – justiça para com ele.

malsinar: condenar

Nas circunstâncias restritivas que a penalogia impõe ao delinquente – aplicação da justiça em seu favor.

penalogia: estudo da punição do crime

Sob o açodar da revolta em relação aos acontecimentos infelizes e perversos – comportamento de justiça.

açodar: instigar

Justiça que edifica, oferecendo oportunidade para reparação, reeducando em vez de afligir, pois que a sua função não é a de aniquilar o criminoso, mas sim o crime.

A justiça correta na sua aplicação abre espaço para a ação da caridade.

Significando a caridade o amor em excelência, e trabalhando as situações aziagas para extirpá-las do organismo social, estabelece métodos justos que nela deságuam, a fim de que ilumine, liberte e edifique.

aziago: trágico, funesto

Caridade ante o tombado, mas também para aquele que o derrubou.

Caridade exuberante em favor da vítima, porém, simultaneamente em relação ao algoz.

Caridade em relação àquele que sofre, todavia envolvimento de todos quantos sejam responsáveis pela ocorrência.

Caridade sempre!

*

O amor compreende; a justiça corrige; a caridade salva.

O amor consola; a justiça disciplina; a caridade erradica o mal.

Face ao amor que O inundava, propôs Jesus: – Busca a verdade e ela te libertará, estabelecendo no ser livre critérios de justiça e sentimentos profundos de caridade, que compreende e ajuda, que discerne e ampara e que ama e justicia com amor.

justiciar: aplicar a justiça

O amor e a justiça atualizam a fé e a esperança para que reine sempre soberana a caridade.

*

inexaurível: inesgotável

O amor é fonte inexaurível de luz.

A justiça é balança de equilíbrio.

A caridade é vida.

O amor se expande em esperança e paz.

A justiça fornece os meios de se preservar a segurança e a harmonia.

A caridade a tudo vitaliza e sustenta, gerando entusiasmo e alegria de viver.

Jesus, na Sua condição de Modelo e Guia da Humanidade, foi o protótipo mais perfeito à compreensão humana do amor, da justiça e da caridade.

24
Temperança antes da ação

O refrão "melhor precaver do que remediar" tem urgência de alto significado para o ser humano que, desatento, raramente o leva em consideração.

A precipitação assalta as emoções em mecanismos psicológicos de autodefesa, de cuidados que resultem benéficos, gerando, não raro, situações lamentáveis, que se apresentam de imediato ou remotamente, mas que sempre se manifestam perturbadoras.

temperança: moderado; comedido

A precipitação é má conselheira em qualquer circunstância.

A razão humana, que é atributo do Espírito, deve sempre estar atenta para compor o quadro das atitudes, estabelecendo parâmetros que se concretizam em comportamentos.

Armados pela volúpia das paixões primevas, os indivíduos veem-se, uns aos outros, de forma agressiva, sempre aguardando o pior que deve provir do próximo, não lhe concedendo chance, sequer, de lhes demonstrar o contrário.

primevo: primeiro

grassar: alastrar, espalhar

voluptuoso: que aprecia ou procura os prazeres dos sentidos

parlamentar: fazer negociações, buscar acordos

Vítimas da própria como da violência que grassa voluptuosa, equipam-se de sentimentos negativos e tudo veem conforme se encontram emocionalmente.

Reagem, quando poderiam parlamentar, ajudando-se à ocorrência e aclarando-a, para lamentarem depois a precipitação, quando advêm as suas funestas consequências.

Todo aquele que pensa, dispõe de valioso arsenal de raciocínios de que se pode utilizar antes de agir, instrumentalizando-se para evitar a precipitação.

*

Raciocinando em torno da excelência do chamado de Jesus, Maria, a sofrida equivocada de Magdala, agiu sem precipitação e tornou-se um exemplo ímpar de renovação moral.

admoestar: aconselhar, advertir de maneira branda

Judas, embora o convívio salutar com o Mestre, não obstante admoestado, deixou-se fascinar pela precipitação e mergulhou em terrível abismo de loucura.

Joana, a esposa de Cusa, despertada para o esplendor do Evangelho, buscou o Senhor para Lhe pedir roteiro e, aconselhada a prosseguir no ninho doméstico, aguardou o momento ideal para Lhe oferecer a existência física.

Pedro, escolhido para pastorear o rebanho que lhe fora confiado, no momento de alta significação para o testemunho, amedrontado, precipitou-se e O negou três vezes...

Toda uma legião, de necessitados e aflitos sem conta, precipitou-se na Sua direção, recebendo apoio e socorro, oportunidade e bênçãos. Apesar disso, no momento hábil de agir com gratidão, deixou-O a sós.

João, todavia, jovem e fiel, acompanhou-O dominado pelo raciocínio e pela afeição, seguindo-O, sem medo, durante todo o transe até o momento final...

A temperança é conquista desafiadora, pelo resultar do esforço disciplinante das tendências negativas e pela aquisição de significados morais valiosos.

O ser humano, que cultiva a temperança, não se acovarda, nem se agita, porque se encontra consciente dos recursos de que dispõe para a ação, confiante no tempo, que equaciona todas as incógnitas existenciais.

*

Felizes aqueles que sabem esperar – ensina outro brocardo popular.

brocardo: dito popular

A faculdade da paciência, que leva a confiar no tempo, é o instrumento de que se utiliza a temperança para conduzir a pessoa ao pódio da vitória sobre si mesma.

A temperança deve ser erguida sobre a fé irrestrita em Deus, cujas Leis irrevogáveis vigem em todo o Universo...

viger: vigorar

... E a lei de amor é a que melhor expressa a Sua Realidade, porquanto dela se derivam todas as demais.

Esperar, pois e confiar sem aflição, mantendo a temperança antes de agir, é regra segura para bem viver e ser feliz.

25
Recurso iluminativo

Dentre os valiosos recursos de que dispõe o Espírito para ascender a Deus e receber-lhe a inspiração, encontra-se a prece, que é a ponte de luz pela qual a criatura viaja no rumo da Divina Misericórdia e essa o alcança em retorno sublime.

A prece é poderoso mecanismo de vinculação do ser humano com o mundo de vibrações elevadas.

Orar é expandir-se no rumo certo da Plenitude.

Para que seja vigorosa e alcance os páramos elevados, necessita ser antecipada de unção, de forma que o pensamento flua enriquecido de emoções nobres, alterando a paisagem erma ou triste de onde evola.

páramo: região

unção: consagração, bênção

erma: solitária despovoada

evolar: elevar

Mais do que revestida de proposta imediata para que sejam modificadas as ocorrências de provas e de dor, constitui-se recurso iluminativo que clareia interiormente o ser.

Não deve objetivar sistematicamente
um pedido, mas se tornar
um hino de louvor à vida e
uma sinfonia de gratidão pela vida.

Quando se ora com recolhimento, as dimensões de tempo e espaço fazem-se alteradas, alargando-se ao infinito, porque a prece arrebata o ser para fora das conjunturas atormentantes em que se encarcera.

conjuntura: circunstância; situação

A prece proporciona lucidez para agir e calma para enfrentar desafios.

Dispensando fórmulas frias e palavras rebuscadas, trata-se de um interlóquio da alma, que se autoanalisa, até se desvincular do ego e externar-se em aspiração e comunhão com Deus, transformando-se em diálogo de profunda identificação.

interlóquio: diálogo

A prece oferece vigor para que sejam enfrentadas as provações e experimentem alterações a duras penas, porquanto, nenhuma rogativa é dirigida a Deus, que não receba conveniente resposta.

Necessariamente, não se dá conforme o desejo do apelante, mas de acordo com aquilo que lhe é melhor para a conquista da felicidade.

*

A prece deve ter caráter pessoal, beneficiando aquele que a elabora, como também pode tê-lo de natureza intercessória por outrem, que experimentará o refrigério de que se constitui.

refrigério: bálsamo, alívio

A prece, que envolve outra pessoa, encarnada ou não, em dúlcidas vibrações de amor e de paz, alcança o beneficiário que, mesmo sem o entender, passa a experimentar o seu resultado.

Todos nós devemos orar uns pelos outros, estabelecendo uma rede protetora de energia saudável que se faz dinamizada pelas forças cósmicas que são movimentadas sob a sua ação.

Ante uma situação penosa e grave, a prece é o elemento que favorece a razão e preserva a paz, auxiliando e sustentando aquele que a enuncia a fim de que vença a situação afligente.

Após um sucesso ou ultrapassado um drama de amargo sabor, a prece de gratidão se faz indispensável, de modo que os sentimentos estuem e novas forças estruturem para os futuros cometimentos.

estuar: vibrar, exaltar

A prece jamais cansa.

Não será, porém, pela sua duração, especialmente quando prolongada, ou pela repetição de palavras que alcançará a sua finalidade.

Um pensamento edificante em direção a Deus, uma reflexão profunda, considerações mentais enobrecidas, ações beneficentes aureoladas de pensamentos de amor, sentimento de respeito e de perdão ao próximo são, também, formas variantes de preces.

Esse intercâmbio com Deus é essencial para o desenvolvimento espiritual do ser humano, seu alimento emocional indispensável.

*

escusar: justificar; dispensar

Nunca te escuses à prece sob falsas alegações.

Se não te encontras em condição momentânea, conquista-a com esforço, a fim de te elevar.

Se estás possuído por mágoa ou rancor, despoja-te desses sentimentos hostis e lubrifica-te com os santos óleos da caridade e do perdão, que a prece te concederá.

excruciante: cruel, angustiante

Se as dores são excruciantes, melhor razão tens para te harmonizar e readquirir a saúde interior.

Em qualquer circunstância e lugar, seja qual for a emoção do momento, utiliza-te desse recurso sublime e sai de ti na direção de Deus.

messianato: relativo ao Messias

Jesus que orava sempre e bem, comungando com Deus, de Quem retirava as energias para o messianato, por lhe conhecer a excelência, recomendou com sabedoria e precisão:

Vigiai e Orai, para não cairdes em tentação.

A prece é o valioso bem de que dispõe a criatura para chegar a Deus, apresentar-Lhe os seus anseios e receber Dele as orientações.

26 Sequelas

O sofrimento desempenha na Terra uma ação relevante, qual seja a de contribuir para o desenvolvimento intelecto-moral dos seres.

Nas esferas primárias se expressa no campo dos instintos, desenhando as primeiras sensações e emoções nervosas.

No ser humano, não tendo caráter punitivo, é processo de desgastes dos atavismos que retêm na retaguarda do progresso.

atavismo: hereditariedade psicológica; intelectual; comportamental

Graças à sua ação, alteram-se as aparências e desvelam-se os mecanismos internos, que se exteriorizam do Espírito em conquistas necessárias.

Não obstante, o sofrimento nem sempre consegue levar de imediato à meta aquele que lhe experimenta o concurso.

Nos indivíduos rebeldes, ainda mais vinculados à sensação, a sua presença causa revolta, empurrando-os para a animosidade, o ressentimento, o ódio, o desejo de autodestruição.

naqueloutro: algo distante do interlocutor

compleição: aspecto, aparência

Naqueloutros de compleição emocional tímida resulta em processo de resignação estagnária sem produzir a renovação, que induz à luta por superá-lo.

Não obstante, existem muitos que o recebem de maneira dinâmica, estimulante, por compreenderem que é uma sequela de atos infelizes que ficaram no passado, ou de processos naturais do mecanismo evolutivo.

Entre os primeiros, as sequelas da rebeldia sistemática são: maior agudeza das aflições, continuidade dos transtornos, ausência de pausas refazentes. Isso porque, bloqueados neles os centros do discernimento, intoxicam-se com as próprias energias nefastas, ampliando a área e o tempo do processo-dor.

Nos segundos, a acomodação, ou de alguma forma a revolta surda que não conduz à submissão, de maneira nenhuma trabalha para a renovação, gerando sequelas de parasitismo e quase inutilidade evolutiva.

Somente quando luz o entendimento das suas causas é que as sequelas são: conquistas de harmonia íntima, inteireza moral, alegria legítima diante das Leis da Vida.

*

Portadores de enfermidades degenerativas que resvalam pelas rampas do desespero, da consciência de culpa, do recalcitrar ante o aguilhão, partem do corpo com as sequelas correspondentes impressas nos tecidos sutis da alma, no campo perispiritual, continuando a experimentar mais acentuadas aflições, até que, por exaustão, resolvem-se pela mudança mental e pela diluição dos registros gravados.

recalcitrar: retrucar, insistir

aguilhão: dor, sofrimento

Nos processos referentes aos transtornos psicológicos, sequelas idênticas surgem, atraindo mais ao convívio emocional os Espíritos inimigos que os atormentaram, agora prosseguindo em trabalho mais inclemente.

Desse modo, em todos quantos desencarnam na aceitação parasitária das ocorrências aflitivas, as sequelas permanecem assinalando esses pacientes por largo tempo, já que não lutaram por se sobrepor aos testemunhos de purificação.

Aqueles, entretanto, que se trabalharam emocional e espiritualmente têm, após o decesso tumular, como sequelas, a ausência das impressões perturbadoras, das dores que ficaram na roupagem em diluição.

Ninguém transita pelos patamares do crescimento íntimo sem o concurso do sofrimento, que proporciona, quando bem recebido, o direcionamento das aspirações para Deus e para o Bem, para a harmonia íntima, para a atitude de respeito e de amor pela Vida.

*

O sofrimento surge, em muitos casos, como coroa de glória, que numerosos espíritos nobres solicitam e recebem, tornando-se protótipos de perfeita sintonia com Deus e por amor à Humanidade.

Quando o sofrimento é aceito como força dinâmica faculta o êxtase dos santos, dos artistas, dos pensadores, dos cientistas, porque afrouxa os laços materiais que retêm o Espírito, permitindo-lhe pairar nas regiões de onde procede, haurindo ali mais força e energia para ensinar autossuperação e felicidade.

Quando Jesus proclamou que são bem-aventurados os aflitos, é evidente que se referiu somente àquele cuja aflição não produza sequelas devastadoras, que dilaceram a alma.

Aflitos e sofridos, sim, mas nem todos, face às sequelas que produzam...

27
Deserções e queixas

A permanência na sustentação dos ideais de enobrecimento sempre representa grave desafio para a criatura humana.

A condição de Humanidade pode também significar constituição frágil, face às heranças ancestrais a que o ser se aferra.

Vícios e defecções representam a segunda natureza, aquela que remanesce aguardando remoção, face aos hábitos arraigados que são sustentados pelo vigor da mente e do sentimento que neles se comprazem.

defecção: deserção; abandono voluntário e consciente

Toda libertação impõe o esforço que corresponde à intensidade do fenômeno escravizador, assim como a ascensão exige redobrada energia, iniciando-se na firme decisão para prosseguir.

O entusiasmo, como mecanismo de emulação para a luta, faculta o impulso, no entanto, são as intenções e ideais, cuja legitimidade é sempre aferida, que se apresentam como a força condutora do êxito da empresa.

emulação: sentimento que leva a tentar igualar ou superar outrem

altibaixos: contratempos; altos e baixos

Nessa experiência valiosa, feita de altibaixos, não raro dão-se as deserções e queixas.

acume: cimo; cume; auge; parte mais aguda

Pensando ser fácil a conquista do patamar da paz ou alcançar o acume da montanha libertadora, o candidato, mesmo quando sincero, enfrenta óbices internos e externos que se antepõem ao seu avanço.

óbice: empecilho; estorvo

Não sendo revitalizadas as energias do pensamento otimista e ei-lo enfermando de desânimo, derrapando na amargura e, desmotivado, face aos naturais testemunhos, abandonando o empreendimento.

Quem realmente deseja alcançar metas felizes, somente considera os insucessos para lhe retirar resultados positivos, corrigindo atitudes e aprimorando métodos.

Não desistir, mesmo quando as circunstâncias e pessoas pareçam conspirar contra os objetivos elevados, é a característica de todo aquele que alcançará o êxito.

Provavelmente, a jornada se fará através de avanços e recuos, conquistando, todavia, espaços e lugares que servirão de base para saltos mais audaciosos.

*

intrincado: complicado; complexo; confuso

Simultaneamente às injunções nem sempre propiciatórias ao resultado almejado, hábitos enfermiços permanecem sem alteração gerando os mais intrincados embaraços.

Os vícios de qualquer espécie são inimigos do progresso do Espírito, quando este não se resolve por extirpá-los da estrutura íntima.

Podem parecer de pequena monta alguns deles, em relação àqueles catastróficos e perturbadores. Não obstante, toda dependência malsã significa oposição à real felicidade.

malsã: nocisa

Todos nós estamos fadados à plenitude. Alcançá-la depende do esforço opcional de cada um.

Resistência contra as paixões degenerativas; reparação dos erros logo os identifique; recomeço da ação sempre que o desânimo ameaçar; cultivo da oração que enriquece de otimismo são algumas precauções morais terapêuticas para a saúde espiritual.

Reconhecer-se portador de imperfeições, mas lutar para superá-las; identificar-se na condição de ser humano com direito a equívocos, no entanto, empenhar-se para tê-los sempre em menor número; compreender que está em fase de aprendizagem e não desistir de aprofundar experiências são condições que podem ser consideradas de realce para a vitória sobre si mesmo.

Quem para a fim de lamentar ocorrências malsãs ou se detém a criticar aqueles que delinquem, ou se entregam às dependências perversas não está realmente interessado no autoaprimoramento.

Lutar é o impositivo do momento seja abraçando ou não as nobres propostas da vida.

*

Persevera enquanto é noite, no teu labor, a fim de que alcances o dia de luz plena.

Insiste ante as dificuldades constantes, para que deixes o caminho aplainado para aqueles que virão depois.

Tolera a todos e concede-lhes o direito de não te entenderem, impondo-te o dever de compreendê-los sempre.

Recorda Jesus, que não se permitiu qualquer vício ou deserção, embora a enferma sociedade na qual se movimentasse, alçando-se ao Pai e apontando o rumo seguro para a Humanidade de todos os tempos.

Viciações nunca, e deserção, jamais!

28
Mensagem de alento

Os flagelos morais do desconforto espiritual esgrimem as armas da inquietação, ferindo os sentimentos e arrebatando a tranquilidade.

esgrimir: agitar vibrar

As lutas recrudescem e os dissabores avolumam-se na psicosfera terrestre, fazendo prenunciar o caos. Entretanto, acima da balbúrdia, na noite que se faz sobre as criaturas humanas, brilham as estrelas apontando o caminho.

recrudescer: agravar-se

O homem moderno, rico de tecnologia e de ciência, perde-se no mar convulsionado das paixões e, semelhante aos antigos nautas, não dispõe de outro recurso senão contemplar as estrelas que o podem guiar ao porto de segurança.

Todas as soluções sempre vêm do alto:
o Sol gentil que faculta a vida, a chuva
generosa que favorece a vida, o ar
que é indispensável à vida e a divina
inspiração que conduz a vida.

Não te deixes afligir desnecessariamente.

O Mestre anunciou dificuldades e dores e disse que aquele que suportasse o testemunho se embriagaria de plenitude.

excruciante: aflitivo

Tens sido poupado às dores mais excruciantes. Não podendo viver em regime de exceção, sofres os fenômenos naturais da injunção física, os apelos morais e os desafios, mas nunca te faltam o conforto espiritual, a sustentação efetiva, nem o indispensável à existência física.

injunção: imposição; exigência; pressão

Prossegue, portanto, trabalhador dedicado a Jesus, desempenhando as tuas tarefas com alegria e, quando necessário, com sacrifício.

É muito fácil a atitude de fidelidade, quando tudo corre bem, mas se conhece o amigo de valor no momento da dificuldade.

Todos nós necessitamos de amor nas circunstâncias difíceis, porque o aplauso fácil sempre chega às horas da frivolidade transitória.

Não estranhes, pois, a presença do desconforto moral na família, que é um desafio evolutivo; no grupo social, que é a família ampliada; na sociedade imensa, que é a família universal trabalhando pela evolução de cada um.

*

Não escolheste esse caminho. Foste convocado pelo Senhor para trabalhares na Sua seara.

Mantém júbilo íntimo ante a situação, porque Ele te convidou, qual o fez conosco, a fim de nos conceder probidade e harmonia.

júbilo: alegria extrema, grande contentamento

Põe o teu ideal acima das situações penosas e avançando segue conosco.

probidade: austeridade, consciência

Em situação alguma te deixaremos a sós. Tem certeza que te envolvemos em paz e carinho.

Se as circunstâncias não são menos doridas, é porque se te fazem necessárias assim mesmo, sem o que não evoluirias.

Segue, pois, adiante, sem amarras com a retaguarda, sem aflições pelo dia de amanhã, realizando o melhor em cada momento, que é o definidor dos teus atos morais.

Rejubila-te!

rejubilar: alegrar(-se); encher(-se) de júbilo

Passará, logo mais, a grande noite carnal e uma madrugada de Sol perene te espera conosco.

Segue adiante, sem desânimo, vencendo obstáculos e vencendo-te ante os impulsos das paixões dissolventes e do egoísmo infeliz.

29
Cruz de libertação

Nunca te proponhas transferir os teus problemas para aqueles que te acompanham pelo caminho de iluminação.

Cada criatura responde pelos próprios atos, que são seus instrumentos de glória ou algemas de retenção na retaguarda.

canga: domínio; opressão; jugo

Não seria justo que as pessoas afeiçoadas, porque generosas, devessem conduzir a canga daqueles a quem se vinculam afetuosamente.

Encontram-se em melhor situação moral de certo e são mais evoluídas espiritualmente, porque se veem conduzindo com elevação e laborando com sacrifícios invisíveis.

abrolho: espilho

Sem que saibas, a estrada que venceram se encontrava também inçada de abrolhos que lhes feriram os pés andarilhos e não reclamaram.

Não há regime de exceção para ninguém no processo evolutivo.

Experiência é conquista pessoal, intransferível, e cada um se alça a patamares mais elevados através do esforço compreensível.

Toda a ascensão é difícil, compensada, porém, pela visão das alturas.

Todos crescem a denodo pessoal, e aqueles que seguem à frente são lições-estímulos para os que se arrastam na retaguarda.

denodo: desenvoltura

Em vez da lamentação sistemática, o esforço para limar as imperfeições e autossuperar-se deve constituir razão preponderante no comportamento de quem aspira plenitude.

*

Admiras os heróis, mas te resguardas das lutas que os consagraram.

Comovem-te os Espíritos nobres, no entanto, poupas-te aos testemunhos que eles vivenciam.

Sensibiliza-te a paz dos vencedores, entretanto, inquietas-te no processo que leva à sua aquisição.

Fascina-te a alegria dos que se conquistaram, apesar disso, aferras-te a injustificável tristeza e perturbadora depressão.

Ninguém realizará a tarefa que é tua.

Conscientiza-te do compromisso que abraças e segue adiante.

Ressarces hoje a sementeira infeliz de ontem.

ensementar: semear

Cuida, portanto, de nova ensementação.

Não te detenhas na queixa perniciosa, nem nos pensamentos autopunitivos.

Esse é o teu campo de trabalho. Ara-o para a nova semeação.

Alegra-te com aquilo que já conseguiste e programa as tarefas que deves e podes executar.

O Senhor, que a todos nos ama, igualmente vela e inspira a tua vida. Não desfaleças no labor.

Enfrenta o desafio existencial sem amarguras.

Felizes são aqueles que, despertando para a Vida, empenham-se para conseguir alcançar as almejadas.

recalcitrar: revoltar-se diante de

aguilhão: dor, sofrimento

Não recalcitres aguilhão, lamentando o passado, que te trouxe até aqui, nem aspirando ao que ainda não mereces usufruir.

Sê simples e bom, perseverando no bem sem cessar.

Trabalha e persiste sem qualquer conflito.

*

O mundo está assinalado por calvários desconhecidos, que se multiplicam a cada momento.

As cruzes são individuais e cada Espírito deve conduzir a sua com nobreza, até transformá-la em asas de libertação.

Considera que, de acordo com os hábitos morais e as atitudes de comportamento mantidas, assim despertarás no amanhecer do Novo Dia, após a noite da desencarnação.

Renova-te agora e avança cantando gratidão a Deus, pela felicidade de entender-Lhe as Leis e conhe-cê-lO no país de ti mesmo.

30
Sem ansiedade

O curso dos acontecimentos não se altera quando a emoção de alguém resolve por modificar o seu desenvolvimento.

A ansiedade, nesse contexto, é desarmonia do comportamento humano que requer consideração e terapia.

É natural que alguma das suas expressões preceda aos fenômenos do dia a dia, nas ocorrências que podem contribuir para alterar o transcurso da existência.

A expectativa em torno de qualquer sucesso que se aguarda produz ansiedade, cujo conteúdo se caracteriza pela natural incerteza de como acontecerá. Todavia, quando essa se transforma em fator de perturbação, defronta-se um transtorno que necessita ser corrigido.

A ansiedade é resultado da falta de segurança nos desígnios divinos, levando o indivíduo à necessidade de precipitar a ocorrência, dessa forma sofrendo antecipadamente.

Esse estado altera o sistema nervoso, gerando tensão contínua, que desgasta as próprias energias e produz distúrbios psicológicos e orgânicos, que poderiam ser facilmente evitados.

Fatores pretéritos que não foram necessariamente equacionados trabalham em favor desse transtorno comportamental, imprimindo nos refolhos da alma incertezas, receios e pessimismo... De tal maneira sucedem essas desagradáveis manifestações que, no momento azado, quando os resultados são saudáveis e benéficos, os sofrimentos que os precederam impossibilitam o fluir pleno das alegrias e benesses que são colhidas.

refolho: âmago, íntimo

azado: oportuno

A ansiedade projeta o ser para além de cada momento, impedindo-o de absorver as lições de vivência normal.

Sempre anelando para que logo chegue àquilo que aguarda, o seu presente se reveste de um inquieto futuro, que não é desfrutado.

anelar: desejar, aspirar

*

Deus não criou o ser humano para que ele se consuma como combustível que mantém uma chama ao vento.

A experiência física é oportunidade abençoada para o aprendizado, sempre aberta, ensejando crescimento interior e felicidade.

ensejar: ocasionar, motivar

Quando os fatores que comprimem o ser angustiam-no, sejam eles psicossociais, socioeconômicos, ético-morais, é porque conduzem expressiva carga de débitos aguardando reparação.

O apoio da fé racional, quanto à finalidade da reencarnação, é o meio para vinculação com a Fonte Geradora pelo pensamento, pela oração, conseguindo harmonizar o ser, facultando-lhe enfrentar as dificuldades e superá-las em paz interior.

A consciência de culpa responde por muitos distúrbios da ansiedade, tendo-se em vista a insegurança que decorre dos atos irregulares, estabelecendo a necessidade da sua reabilitação.

Torna-se imprescindível, em qualquer circunstância, um esforço mental para se entender que as ocorrências da evolução transcorrem de forma inevitável, cabendo sempre as atitudes de paciência e humildade, porquanto nada sucede fora do estabelecido pelas Leis de Causa e Efeito.

Assim sendo, a ansiedade somente complica o quadro das programações estabelecidas, aumentando a carga de aflição, sem que disso resulte benefício algum.

*

Exercícios mentais de ponderação e análise; ações saudáveis em ritmo de equilíbrio; meditação em torno das finalidades do amor e da dor; leituras edificantes pontilhadas de esperanças; conversações encorajadoras, nas quais predominem o bom-senso e a alegria de viver, cooperam eficazmente para a formação de uma consciência de paz, ao tempo em que contribuem para diminuir o peso acumulado de compromissos negativos que podem produzir angústia e ansiedade.

Nada acontece por acaso, ao capricho do azar.

Quando se esteja defrontado pela expectativa de alguma ocorrência, é necessário confiar em Deus, evitando a ansiedade.

Arquitetar o bem no pensamento, verbalizá-lo com assiduidade e materializá-lo em paz, é a mais eficiente conduta para a manutenção de propósitos superiores, sem medos e sem ansiedade.

31
Antídoto eficiente

calcinar: queimar, devorar

Incêndio voraz que calcina tudo quanto encontra pela frente; ácido destruidor, que dissolve o material que alcança; vírus perigoso, que ulcera quem o conduz e contamina em volta, o ódio é o remanescente terrível do primarismo do ser humano em trânsito para mais nobres patamares.

esparzir: respingar, espalhar, derramar, verter

O tóxico que esparzes envenena a atmosfera que se faz irrespirável, enfermando quem lhe busque o oxigênio mantenedor de vida.

lôbrego: sinistro, sombrio

O ódio, sob qualquer manifestação em que se apresente, é sempre injustificável expressão de tormento que predomina na natureza humana, enjaulando-a em lôbrega situação.

Aquele que odeia perdeu o endereço de si mesmo, fixando-se na monoideia de vingança, como mecanismo estimulante do prazer e da autorrealização.

Apoiando-se em bases falsas, quais: a inveja, o ressentimento, os desejos ignóbeis, os complexos de inferioridade e a insegurança pessoal urdem perigosas armadilhas para aqueles contra os quais dirige as suas violentas vibrações.

ignóbil: sem nobreza, deprezível

urdir: enredar, planejar

Surdo a quaisquer explicações, somente enxerga aquilo que lhe apraz ver, anestesiando a capacidade de discernir, enquanto entorpece os sentimentos superiores bloqueando as suas manifestações.

Mesmo quando na sua fúria atinge aquele a quem vitima, não deixa de comburir, terminando por estiolar as resistências de quem o vitaliza.

comburir: combustar, reduzir(-se) a cinzas

O ódio é mensageiro da enfermidade, do desastre e da morte, sem lugar à alteração de rota.

estiolar: debilitar

*

Quando alguém se sente ofendido e desvaira na alucinação do ódio, aquele que o causou nada pode fazer de momento para lhe atenuar a intensidade. Qualquer tentativa de minimizar-lhe a fúria, mais a aumenta, tornando-se difícil qualquer diálogo construtivo.

desvairar: ficar fora de si, alucinar, enlouquecer

A flecha, quando disparada, não pode retornar ao ponto de partida. Os efeitos danosos poderão ser reparados, porém, não é mais possível detê-la.

Da mesma forma, quando alguma ação infeliz é executada, torna-se indispensável aguardar o tempo, a fim de lhe modificar os resultados nefastos.

subserviência: submissão voluntária

Nem atitude de subserviência em relação àquele que se sente ofendido, nem demonstração exagerada de arrependimento.

Somente o amor possui os valiosos antídotos para esse terrível adversário da libertação espiritual da criatura humana.

Expressando-se com paciência diante dos revides do adversário, trabalha pelo seu bem mediante os mais diferenciados métodos que lhe estejam ao alcance.

A perseverança nos propósitos dignos consegue demonstrar que os sentimentos íntimos já não são os mesmos do momento perverso.

impropério: ofensa; insulto; ultraje

A conduta saudável, que persiste inalterada sob as chuvas de agressões e acusações descabidas, consegue esgotar o arsenal de impropérios e rancores que são cultivados com perversidade.

A caridade dirigida ao rebelde, quando as circunstâncias assim o permitem, produz o milagre da anulação do ódio, instalando os alicerces do bem, que então se desenvolverá no seu íntimo.

A Humanidade sai, lentamente, do instinto para a razão, da agressividade para o entendimento, do ódio para o perdão...

saga: conjunto de histórias, trajetória

É longa a saga da iluminação, no entanto, cada conquista faculta mais amplas possibilidades de enriquecimento de paz.

*

Nunca te permitas a instalação do ódio nos teus painéis morais e mentais.

Ouve as acusações com misericórdia pelo agressor.

Coloca-te no lugar dele e constatarás que se encontra fora de si, intoxicado pelos vapores da própria loucura.

Mantém-te em paz, seja em qual circunstância for, sem pressa de justificar-te ou de conquistar o ofensor.

À tua semelhança, ele também despertará no momento próprio e refará o caminho...

Jesus é o protótipo do ser detestado pela fúria farisaica e pela inveja de todos aqueles que, na impossibilidade pessoal de se Lhe assemelharem, voltaram-se contra o Seu apostolado.

protótipo: modelo

Ele, porém, manteve-se inalterável, amando-os e perdoando-os até o fim.

32 Ulcerações morais

hodierno: atual; moderno

hedonista: busca pelo prazer como finalidade da vida

A CULTURA HODIERNA, PROFUNDAMENTE hedonista, exalta o prazer como a finalidade exclusiva da vilegiatura carnal. Para consegui-lo de qualquer forma, atiram-se as multidões desvairadas atropelando-se reciprocamente e utilizando-se de expedientes vis, graças aos quais se comprometem gravemente.

desvairado: fora de si, alucinado

devaneio: delírio; utopia; sonho; fantasia

As conquistas na área do conhecimento científico e tecnológico, salvadas nobres exceções, têm sido aplicadas para o deleite do corpo e das sensações, para a comodidade e o devaneio...

desvalir: desfavor; desamparo

É certo que algumas têm diminuído as dores físicas, diluído aflições morais, prolongado a existência orgânica... Todavia, o capitalismo desenfreado e desumano de hoje, qual o comunismo desnaturado do ontem, privilegia apenas os poderosos em detrimento dos fracos, exaltando a força econômica, que elege a política arbitrária responsável pela miséria de bilhões de outros seres, seus irmãos, em desvalimento.

... E a onda do prazer ensandece os indivíduos, qual labareda voraz que consome tudo que lhe ameace obstaculizar o avanço, a fim de alcançar a meta, mesmo que os leve ao estado de extenuamento.

voraz: destruidor

O ser humano ainda não despertou realmente para o significado existencial, para o sentido da vida e, por isso, sofre na miséria quanto na fortuna, no poder tanto quanto na submissão...

*

Há carência de amor no coração e abundância de indiferença a respeito do seu próximo.

Dilaceram-se alheios sentimentos com a leviandade típica de quem é constituído pela ausência de maturidade espiritual e moral.

Surgem, então, ulcerações morais em quase todos.

*

Matrimônios que foram construídos com o cimento do amor, repentinamente, face aos camartelos do momento febril dos desejos infrenes, ruem.

"O amor terminou" – afirmam os desassisados e afastam-se do parceiro tomado de estupefação, que fica transtornado, e logo eles se atiram à volúpia de outras breves paixões.

Famílias estruturadas no respeito ao dever são infestadas pela alucinação das drogas que esfacelam os seus jovens membros, arrebanhando-os para o crime e para a loucura...

camartelo: punhalada, golpe, estocada

infrene: descontrolado

desassisado: desorientado, equivocado

estupefação: adormecimento, entorpecimento

esfacelar: extinguir

Servidores fiéis e devotados às empresas e aos seus patrões são demitidos sem compaixão, porque o momento econômico é grave e os volumosos lucros diminuem assustando-os, assim empurrando essas vítimas indefesas aos sórdidos calabouços da depressão ou às labaredas da violência urbana, tornando-os delinquentes, eles que antes eram trabalhadores honestos...

O brilho mentiroso do êxito cultivado pela mídia – os quinze minutos de glória – como ironicamente se divulga, perturba as mentes juvenis que disputam as suas lâmpadas e a escada do triunfo, tripudiando sobre a honra e os objetivos superiores, vivendo em promiscuidade com mercadores do sexo vilipendiado, para fugirem depois, solitários e insatisfeitos dos seus adoradores, quando atingem o apogeu, que somente raros alcançam...

tripudiar: desprezar; valorizar com exagero uma vitória

vilipendiado: índigo, desprezível

Amigos que se amparavam mutuamente separam-se por nonadas, criados pelo egoísmo e pelas ambições exacerbadas, deixando o outro na decepção e na necessidade...

nonada: ninharia, bobagem

Todos os instrumentos de degradação são utilizados para que o gozo os exaure e os devore.

Mesmo no prazer que buscam, estão doentes, porque corroídos pelos remorsos tardios, transitando em solidão e, quando as enfermidades e a velhice que temem os vencem, deblateram e se angustiam, tombando em deploráveis estados íntimos.

deblaterar: protestar, esbravejar

Além das próprias chagas, fazem-se responsáveis por aqueles que deixaram pelo caminho, doentes morais dilacerando nos sentimentos, magoados e sem rumo, pela irresponsabilidade com que foram abandonados.

*

Multiplicam-se os mutilados espirituais desses dias de glória e de volúpia, que renteiam com a dor sem consolo e rasteiam sem amparo nem afeição.

A decadência atual da ética responde pela degradação da sociedade, prenunciando o fim de um ciclo de evolução, que cede lugar a uma nova consciência de amor e de dever para a construção da paz e da felicidade.

Mais do que nunca esses são dias vigorosos que estão a exigir reflexão de todas as criaturas, a fim de que se preservem do contágio do bafio pestífero do prazer epidêmico e letal.

bafio pestífero: atraso, decadência, hábito nocivo, insalubre

Jesus é o Guia de segurança para esse momento, e a Sua doutrina, restaurada pelo Espiritismo, é o roteiro único para facultar o enfrentamento saudável e decisivo com o hedonismo perverso e devorador que toma conta das mentes e dos corações.

hedonismo: doutrina moral cuja busca pelo prazer é o único propósito da vida

Autopenetrar-se e conquistar o país de si mesmo, para administrar com sabedoria os tesouros nele existentes é a tarefa que urge e não deve ser postergada por ninguém, traçando novas rotas para a sociedade do feliz futuro.

33
FINADOS

A MORTE, NÃO OBSTANTE AS VALIOSAS conquistas do pensamento contemporâneo, continua ceifando esperanças e alegrias, ao tempo em que semeia angústia e dor.

anelado: desejado, almejado

Multimilenário ponto de interrogação a respeito do destino dos seres que arrebata do corpo, prossegue incompreendida, detestada por aqueles que da existência somente aos gozos aspiram, sendo anelada pelas pessoas que sofrem e não dispõem da resignação nem do equilíbrio para enfrentar as vicissitudes naturais do processo evolutivo.

choça: casebre pobre

Desse modo, indiferente a tudo, penetra nos lares abastados e nas choças miseráveis, dali retirando os seres, demonstrando a transitoriedade do carro orgânico, sem que, apesar disso, muitos homens e mulheres se resolvam por adotar uma conduta compatível com a sua destinação espiritual.

Por meio de mecanismos mentais de alta habilidade, erigem-se escolas de conceituação materialista, em vãs tentativas de reduzir o ser real ao amontoado de moléculas a que se transformam, resultando em novos corpos e elementos outros diferenciados.

erigir: construir

Esse recurso de negação só objetiva liberá-los das responsabilidades morais, dos compromissos de reparação dos erros, embora não possam fugir de si mesmos nem da expiação a que são conduzidos pela Vida.

Curiosamente, mesmo entre os espiritualistas de algumas doutrinas religiosas, traindo o conceito hedonista que neles jaz de maneira inconsciente, denominam os que desencarnaram como finados, qual se lhes houvesse ocorrido a desintegração, o aniquilamento.

hedonismo: doutrina moral cuja busca pelo prazer é o único propósito da vida

A morte não consegue destruir a vida, essa é a verdade.

Há em tudo e em todos o hálito divino que organiza a forma e a sustenta.

Quando ocorre o fenômeno da morte física, o Espírito se liberta e volve à realidade de onde procede.

*

Vive de tal maneira que possas desencarnar a qualquer instante, sem aflição nem desequilíbrio.

A existência física, por mais longa, é sempre breve na ampulheta do tempo.

Cada momento que utilizas do corpo é período que mais te aproxima da desencarnação.

Não fosse assim e o significado existencial desapareceria.

Sendo impossível à matéria em constante transformação a indestrutibilidade, o seu é um tempo limitado na forma como se apresenta. Construída pelo Espírito que a equipa dos elementos necessários ao aprimoramento gasta-se, à medida que funciona, alterando-se na razão em que se desenvolve.

Aprende a utilizá-la, consciente da sua fragilidade e da função para a qual foi elaborada, pensando em abandoná-la no momento próprio com carinho e gratidão.

Ampara-a, a fim de que te seja útil e duradoura, certo, no entanto, que a deixarás, seguindo adiante...

*

Ninguém fina; desintegra-se, como se iludem os negadores.

estuar: vibrar, ressoar

A vida estua além do túmulo.

Os teus mortos prosseguem, apesar de invisíveis aos teus olhos.

Se fizeres, porém, grande silêncio em prece, lograrás percebê-los e ouvi-los.

Envolve-os sempre nas memórias queridas, nas vibrações de carinho e eles se beneficiarão com as tuas mensagens.

Estando felizes, eles te ajudarão, apoiando-te nos projetos nobres e amparando-te nas horas difíceis.

Ama-os sempre, recordando-os nas tuas orações, que lhes fazem muito bem.

Prepara-te, no entanto, para a própria desencarnação, de que não te poderás furtar.

... E no dia de finados, ao recordá-los, reparte dos teus sentimentos algumas parcelas de amor, distribuindo-as com os sofredores do mundo em homenagem a eles, em vez de lhes ofereceres os mimos habituais da vaidade, que não alcançam mais.

Por fim, recorda-te que, em visita ao túmulo do seu querido Mestre, por encontrá-lo vazio, Maria de Magdala, surpresa e temerosa, saindo do recinto em sombras, reviu-O nimbado de claridades sublimes, chamando-a suavemente:

nimbado: aureolado, coroado, consagrado

– Maria! Sou eu!

34

A suave magia do Natal

No turbilhão dos conflitos, quando Israel havia perdido a própria identidade sob o jugo impiedoso do conquistador romano implacável, as expectativas de paz e as necessidades de equilíbrio espiritual de todo o povo eram superlativas.

À semelhança do que havia ocorrido várias vezes, no passado, quando sob o talante cruel das Nações que o escravizaram por largos períodos de miséria e aflição, o país esperava, como outrora, a libertação que lhe permitisse encontrar o rumo para a felicidade dos seus filhos.

talante: vontade

As paixões inferiores, no entanto, governavam as mentes e os corações que se sentiam asfixiados pelo bafio dos interesses inconfessáveis, transformando as criaturas em servas da situação infeliz, assim tornando muito difícil que se cumprissem as Escrituras...

bafio: hábito

Anteriormente, no ano 444 a.C., quando Esdras, doutor judeu, foi libertado da escravidão na Babilônia, com mais 1.775 companheiros, por Artaxerxes Longímano e retornou a Jerusalém, restabeleceu o culto a Jeová, restaurou a nacionalidade judaica e traba-lhou pela construção das muralhas da cidade. Reuniu todos os livros de Moisés, examinou-os detidamente e estabeleceu o cânone das Escrituras, realizando atividades dignificadoras, que deveriam servir de modelo para sempre...

cânone: modelo, padrão

Nos dias da dominação romana, porém, as paisagens morais eram sombrias, em razão da corrupção que se tornara uma doença incurável, levando as criaturas a situações morais deploráveis.

Tornando-se insuportáveis as lutas de bastidores e públicas entre os dominadores políticos e os pseudo-espirituais do Templo, o povo sofria o abandono e a perseguição inclemente dos esbirros de ambos os lados, que os afligiam impiedosamente.

Nessa paisagem moral de sofrimento nasceu Jesus, sinalizando a Era da Esperança para os sofredores de todo jaez, e para a transformação moral dos triunfadores de mentira, que sempre se arvoraram em condutores do mundo.

jaez: tipo, espécie

arvorar: ostentar, alardear, eleger

espraiar: expandir, transbordar

A singeleza do Seu berço, na noite estrelada e silenciosa, foi acompanhada por uma suave melodia de amor, que se espraiaria desde então por toda a Terra, e jamais desapareceria dos ouvidos do mundo.

Vivendo a sublime experiência do amor, Jesus desenhou nos painéis espirituais da Humanidade a incomparável diretriz de segurança para a felicidade, ensinando que somente através dos sentimentos de misericórdia, de bondade e de abnegação, a criatura atinge a meta para a qual se encontra na Terra.

A Sua mensagem, toda tecida de sabedoria, ternura e paz, tornou-se o clímax das conquistas do pensamento histórico, e um dia resplenderá soberana entre os seres humanos.

desbordar: extravasar

Desse modo, sempre que as alucinações humanas desbordam em crimes e violências, em desmandos e destruição, paira, acima das sombras dominadoras, a claridade sublime do Seu berço, anunciando a Sua chegada à Terra. Na inesquecível e suave noite do Seu Natal.

Tocado por essa melodia de amor, deixa-te dominar pelos sentimentos de fraternidade e converte os teus sentimentos em harpa delicada, espalhando a mensagem de solidariedade a todos os irmãos que se encontram pelo caminho, aguardando uma migalha que seja de misericórdia e de carinho.

Homenageando-O, torna-te Seu instrumento e amplia os horizontes do Bem, que Ele iniciara naquela noite inesquecível de Natal.

Índice Analítico

A
abrolho 67, 108
acalentar 53
açodar 87
acume 102
admoestar 90
afabilidade 05, 39, 59
afadigar 56
afanar 68
aguilhão 64, 69, 99, 110
alcantil 53
algaravia 49
altibaixos 15, 102
aluvião 22
alvissareiro 79
amiúde 83
anarquista 50
anatematizado 76
anatematizar 71
anelado 124
anelar 10, 113
anuir 86
apetecer 18
aprisco 25
aranzel 63
arvorar 129
asselvajado 31
atavismo 97
autoburilamento 14, 22
avareza 11
azado 113
aziago 40, 87

B
bafio pestífero 123
bafio 128
baldo 39
brocardo 91

C
calceta 37
calcinar 116
camartelo 121
campear 75
canga 108
cânone 129
choça 124
ciliciar 69
cilício 05, 66, 69
circunspecto 83
círio 37
comburar 31
comburir 117
comensal 22, 56
compaz 57, 74
compleição 45, 98
concomitante 37
concupiscência 28
conivência 56
conjuntura 94
contenda 04, 18
contingente 10
corifeu 57
crivo 80

D
deambular 09
deblaterar 122
defecção 101
degenerescência 37
degredo 28
denodo 109
deperecer 09
desassisado 121
desbordar 18, 130
descerrar 12
desdita 11
desditoso 80
desenfreio 49
deslindar 34
desvairado 37, 120
desvairar 09, 117
desvalir 120
desvelar 58, 85
desvestir 74
devaneio 120
diletante 85
disjunção 34
dissolver 10
ditame 72
dulcificar 46

E
ególatra 16
egresso 27
eito 37
empeço 27
emulação 101
emular 62
encetar 09
enferme 76
ensandecer 16
ensancha 35
ensejar 113
ensementar 110
escusar 96
enveredar 42
erigir 125
erma 93
esboroar 36
esbulhar 19
escusar 13
esfacelar 121
esfaimar 68
esgrimir 105
esparzir 40, 41, 116
espículo 81
espraiar 130
espúrio 11
estertorar 76
estiolar 19, 68, 117
estorcegar 46
estribar 21
estuar 95, 126
estupefação 121
estupor 31
evolar 93
excruciante 96, 106
excruciar 68
exorbitar 43
exultar 29

F
fanar 27, 68
farisaísmo 58
fátuo 50
fenecer 12
flagício 76
fruir 08, 53, 68

G

grassar 75, 90
gravame 46

H

hodierno 38, 120
hediondez 58, 59
hedonismo 07, 123, 125
hedonista 120
hoste 83

I

ignóbil 117
imo 08
imolar 69
impoluto 58
imprecação 46
impropério 118
incauto 46, 75
incensador 68
incurso 82
indene 63
inescrutável 78
inexaurível 07, 84, 88
inefavél 60
inerente: 07
infrene 65, 121
injunção 86, 106
insculpir 49
ínsito 74
interlóquio 94
intentar 25
intrincado 102
invectivar 58
irisar 15
irrisão 67
irromper 43

J

jaça 10
jaez 64, 129
júbilo 107
justiciar 88

L

láurea 35
letargo 43
léxico 62
liame 33
litígio 62
lôbrego 116
locupletar 57
lograr 24
logro 53
luxúria 16

M

macerar 68
masoquista 07
malsã 103
malsinar 87
melífluo 60
menoscabar 50
messianato 96
morigerado 15

N

naqueloutro 98
narcisismo 08
nefasto 63
nimbado 127
nonada 18, 122

O
obsesso 77
óbice 102
olvidar 08, 70
onzenário 13

P
páramo 93
parlamentar 90
paroxístico 75
penalogia 87
perquiridor 83
piloti 86
pontificar 22
postulado 84
precognitivo 78
premente 55
primevo 89
probante 22
probidade 107
protótipo 119
pugna 75
pulular 49, 74

R
recalcitrar 99, 110
recidiva 75
recrudescer 105
referto 08
refolho 113
refrega 50
refrigério 94
rejubilar 107
repontar 67
reposteiro 30
réprobo 58
ressumar 66
resvaladouro 37
resvalar 83

S
saga 118
sanha 63
sarcasmo 72
sevícia 75
sóror 137
subserviência 118

T
talante 128
temperança 5, 89
torpe 42
travo 38
trica 18
tripudiar 122

U
unção 93
urbe 71
urdir 117
urze 67

V
vigente 76
viger 11, 14, 91
vilania 63
vilipendiado 122
vilipendiador 37
volitivo 37
voluptuoso 90
voraz 121

Joanna de Ângelis

Mentora espiritual de Divaldo Franco, é autora de importantes obras mediúnicas que abordam temas existenciais, filosóficos, religiosos, psicológicos e transcendentais, objetivando a autoiluminação do indivíduo.

Além de se tornarem *best-seller*, suas obras alcançaram grande reconhecimento entre religiosos, espiritualistas, psicólogos, parapsicólogos e demais estudiosos do comportamento. Sua escrita é bela e profunda, expressão pura do amor evangélico e ensinamento prático para se alcançar alegria, paz e crescimento interior.

No plano espiritual, planejou a construção da Mansão do Caminho, alusão à Casa do Caminho dos primeiros cristãos.

Destacam-se dentre suas encarnações anteriores: Joana de Cusa (uma das mulheres que acompanharam Jesus durante a Crucificação), Juana Inés de la Cruz (1651-1695), mexicana, sóror, pseudônimo da ilustre letrada Juana Inés de Asbaje Y Ramírez de Santillana e Joana Angélica de Jesus (1761-1822), baiana, sóror e depois abadessa que protagonizou doloroso drama no processo de Independência da Bahia.

sóror: freira; irmã; madre

Joanna de Ângelis há séculos dedica-se a iluminar seus irmãos de humanidade.

Divaldo Pereira Franco

Eminente educador de almas, é um dos mais respeitados oradores e médiuns da atualidade. Recebeu mais de 600 homenagens de instituições culturais, sociais, religiosas, políticas e governamentais.

Extraordinário autor mediúnico, com mais de 220 livros (mais de 10 milhões de exemplares vendidos) concedeu integralmente os direitos autorais de sua obra para instituições filantrópicas, notadamente à Mansão do Caminho.

Fiel mensageiro da palavra do Cristo, manteve intensa atividade de divulgação do Evangelho, superando a marca de 13 mil conferências em mais de 2 mil cidades de 64 países nos 5 continentes.

Fundou em 1952, junto com Nilson de Souza Pereira e Joanna de Ângelis (Espírito), a Mansão do Caminho na cidade de Salvador, honorável entidade educacional e assistencial que atende a milhares de pessoas carentes, incluindo 3 mil crianças e jovens diariamente. Em suas atividades de desenvolvimento do ser, adotou mais de 600 filhos que já lhe deram mais de 200 netos e bisnetos.

Divaldo Franco fez de sua vida um autêntico evangelho da paz e do amor.

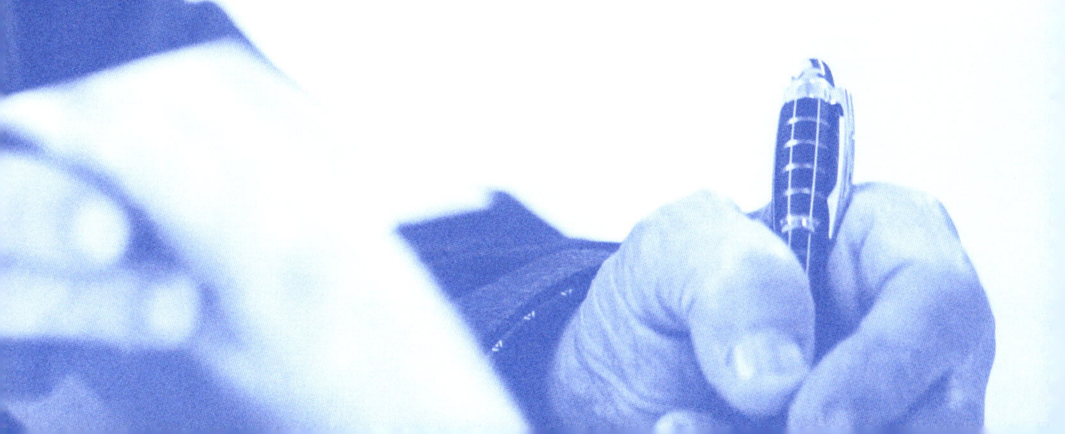

LITERATURA ESPÍRITA

Em qualquer parte do mundo, é comum encontrar pessoas que se interessem por assuntos como imortalidade, comunicação com Espíritos, vida após a morte e reencarnação. A crescente popularidade desses temas pode ser avaliada com o sucesso de vários filmes, seriados, novelas e peças teatrais que incluem em seus roteiros conceitos ligados à Espiritualidade e à alma.

Cada vez mais, a imprensa evidencia a literatura espírita, cujas obras impressionam até mesmo grandes veículos de comunicação devido ao seu grande número de vendas. O principal motivo pela busca dos filmes e livros do gênero é simples: o Espiritismo consegue responder, de forma clara, perguntas que pairam sobre a Humanidade desde o princípio dos tempos. Quem somos nós? De onde viemos? Para onde vamos?

A literatura espírita apresenta argumentos fundamentados na razão, que acabam atraindo leitores de todas as idades. Os textos são trabalhados com afinco, apresentam boas histórias e informações coerentes, pois se baseiam em fatos reais.

Os ensinamentos espíritas trazem a mensagem consoladora de que existe vida após a morte, e essa é uma das melhores notícias que podemos receber quando temos entes queridos que já não habitam mais a Terra. As conquistas e os aprendizados adquiridos em vida sempre farão parte do nosso futuro e prosseguirão de forma ininterrupta por toda a jornada pessoal de cada um.

Divulgar o Espiritismo por meio da literatura é a principal missão da FEB, que, há mais de cem anos, seleciona conteúdos doutrinários de qualidade para espalhar a palavra e o ideal do Cristo por todo o mundo, rumo ao caminho da felicidade e plenitude.

O LIVRO ESPÍRITA

Cada livro edificante é porta libertadora.

O livro espírita, entretanto, emancipa a alma nos fundamentos da vida.

O livro científico livra da incultura; o livro espírita livra da crueldade, para que os louros intelectuais não se desregrem na delinquência.

O livro filosófico livra do preconceito; o livro espírita livra da divagação delirante, a fim de que a elucidação não se converta em palavras inúteis.

O livro piedoso livra do desespero; o livro espírita livra da superstição, para que a fé não se abastarde em fanatismo.

O livro jurídico livra da injustiça; o livro espírita livra da parcialidade, a fim de que o direito não se faça instrumento da opressão.

O livro técnico livra da insipiência; o livro espírita livra da vaidade, para que a especialização não seja manejada em prejuízo dos outros.

O livro de agricultura livra do primitivismo; o livro espírita livra da ambição desvairada, a fim de que o trabalho da gleba não se envileça.

O livro de regras sociais livra da rudeza de trato; o livro espírita livra da irresponsabilidade que, muitas vezes, transfigura o lar em atormentado reduto de sofrimento.

O livro de consolo livra da aflição; o livro espírita livra do êxtase inerte, para que o reconforto não se acomode em preguiça.

O livro de informações livra do atraso; o livro espírita livra do tempo perdido, a fim de que a hora vazia não nos arraste à queda em dívidas escabrosas.

Amparemos o livro respeitável, que é luz de hoje; no entanto, auxiliemos e divulguemos, quanto nos seja possível, o livro espírita, que é luz de hoje, amanhã e sempre.

O livro nobre livra da ignorância, mas o livro espírita livra da ignorância e livra do mal.

Emmanuel*

* Página recebida pelo médium Francisco Cândido Xavier, em reunião pública da Comunhão Espírita Cristã, na noite de 25 de fevereiro de 1963, em Uberaba (MG), e transcrita em *Reformador*, abr. 1963, p. 9.

ebm editora

DIREITOS DE EDIÇÃO

LIBERDADE & CONSCIÊNCIA
Rua Doutor Albuquerque Lins, 152
Centro - Santo André - SP
CEP: 09010-010

CONTATO COMERCIAL
(11) 2866-6000
ebm@ebmeditora.com.br
www.ebmeditora.com.br

facebook.com/ebmeditora

EDITOR
Manu Mira Rama

COEDITOR
Miguel de Jesus Sardano
Terezinha S. de Jesus Sardano (in memorian)

IMAGEM JOANNA DE ÂNGELIS
Cláudio Urpia

REVISÃO
Rosemarie Giudilli

DIAGRAMAÇÃO
Tiago Minoru Kamei

CAPA
Ricardo Brito

FEB editora
Livro espírita para um novo mundo
www.febeditora.com.br
@febeditoraoficial
@febeditora

Produção Editorial:
Elizabete de Jesus Moreira
Luciana Vecchi Martins Cunha

Normalização Técnica:
Biblioteca de Obras Raras e Documentos Patrimoniais do Livro

Esta edição foi impressa pela Gráfica Ipsis Gráfica e Editora S.A., com tiragem de 4 mil exemplares, todos em formato fechado de 155x230 mm e com mancha de 125 x 175 mm. Os papéis utilizados foram o offset 90 g/m² para o miolo e o revestimento couche brilho 150 g/m² para a capa dura. O texto principal foi composto em fonte Adobe Garamond Pro 13 e os títulos em Adobe Garamond Pro 16. Pantone 286U. Impresso no Brasil. Presita en Brazilo.

FEB
editora

ebm
editora